CATALOGUE

D'UNE

COLLECTION DE LIVRES

BROCHURES ET JOURNAUX

RELATIFS

A LA RÉVOLUTION FRANÇAISE (1788-1800)

DONT LA VENTE AURA LIEU

le lundi 5 décembre 1859 et jours suivants

à sept heures du soir,

MAISON SILVESTRE, RUE DES BONS-ENFANTS, 28,

Salle n° 4, au rez-de-chaussée,

Par le ministère de M° BAUDRY, Commissaire-Priseur, rue Neuve-des-Petits-Champs, 50,

Assisté de M. CHARAVAY.

PARIS

CHARAVAY, LIBRAIRE, RUE DE SEINE, 53

ET

FRANCE, LIBRAIRE, QUAI VOLTAIRE, 9.

1859.

ORDRE DES VACATIONS.

Lundi 5 décembre . . . . . . du n° 1 à 179.
Mardi 6   »   . . . . . . du n° 180 à 369.
Mercredi 7   »   . . . . . . du n° 370 à 554.
Jeudi 8   »   . . . . . . du n° 555 à 735.
Vendredi 9   »   . . . . . . du n° 736 à la fin.

AVIS.

Tous les articles du catalogue sont en parfaite condition et garantis tels. La plupart sont brochés et comme neufs.

Il n'y aura pas exposition publique, afin d'éviter que le classement des brochures ne soit dérangé.

Les acquéreurs paieront 5 centimes par franc en sus du prix d'adjudication.

MM. CHABAVAY et FRANCE rempliront les commissions qu'on voudra bien leur confier.

STRASBOURG, TYPOGRAPHIE DE G. SILBERMANN.

CATALOGUE

DE

DOCUMENTS SUR LA RÉVOLUTION FRANÇAISE.

1. **ANTONELLE** (P. Antoine), maire d'Arles, sa patrie, député des Bouches-du-Rhône à la Législative.

Quelques idées , Motion d'ordre à l'occasion de la brochure de Louvet , Le contraste de sentiments, Observations sur le compte rendu au roi, par M. Debourge , Déclarations motivées d'Antonelle, juré au tribunal révolutionnaire dans diverses affaires, etc., 6 pièces in-8. br.

2. **ANTRAIGUES** (Em^d. H. DELAUNAY, comte d'), député de l'Ardèche aux États-Généraux.

Mémoire sur les États du Languedoc avec le supplément, Mémoires sur les États-Généraux et autres , Discours , Dénonciation aux Français catholiques, Lettres, Observations, Adresses, etc., 24 pièces in-8. br.

3. **ARTOIS** (Charles-Philippe , comte d'), depuis *roi sous le nom de Charles X.*

Le comte d'Artois, roi de Botany Bay, Philippe-le-Fugitif ou le comte d'Artois dans le désert , Fratricide et sacrilège, Le comte d'Artois à l'agonie, Confession générale, Pénitence du comte d'Artois, M. d'Artois et le père Duchêne à Venise, Le faux comte d'Artois , Grande révolution arrivée à Turin ou le ci-devant comte d'Artois a été chassé, Les nouvelles Philippiques, *Paris* 1789, 24 p., satyre violente contre le comte d'Artois, Sa vie privée, *Turin* 1790. Portrait avec 4 vers critiques au bas, etc., 26 pièces in-8. br.

4. **AUDREIN** (Yves), député du Morbihan à la Convention , évêque, assassiné en 1798.

Mémoires à l'Assemblée sur le culte catholique au peuple français , Yves Audrein sur l'article proposé par Barère sur la liberté des cultes, Rapport, Audrein à ses collègues ou le cri de l'innocence opprimée, 6 pièces in-8 et in-4. br.

5. **BAILLEUL** (Jean-Charles), député de la Seine-Inférieure à la Convention.

Déclaration à ses commettants, Observations sur les finances et les factions, Le pot aux roses découvert, Réponse au manifeste de Bailleul, Rapports, Discours, Motions d'ordre, etc., 15 pièces in-8. br.

6. **BAILLY** (Jean-Silvain), maire de Paris, astronome, membre de l'Académie française, décapité en 1793.

Lettre de Bailly à un de ses disciples, *Paris* 1794, 176 p. avec portrait. Lettres et discours à ses concitoyens, Procès de Bailly, 31 p. Vie de Bailly, 1790, 47 p. avec portrait, 13 pièces in-8. br.

7. — Bailly (Silvain), hommage à sa mémoire, Essai sur l'éloge, etc., pour servir de tribut à l'amitié, par Mérard Saint-Just, ouvrage impr. à 15 ex. s. d. 1 vol. in-8, de 208 p. br.

8. **BARAILON** (Jean F^{ois}.), député de la Creuse à la Convention.

Projet de Constitution, 1793, La battue générale des brigands et des fripons, Opinion, Motion, Réflexions, Votation et considérations sur le jugement de Louis XVI, 8 pièces in-8. br.

9. **BARBAROUX** (Charles), député des Bouches-du-Rhône à la Convention, décapité à Bordeaux en 1793.

De l'influence de la guerre maritime sur le commerce, Opinions sur les subsistances et sur le jugement de Louis XVI, Barbaroux aux citoyens de Marseille, Correspondance de Barbaroux, 5 pièces in-8. br.

10. **BARÈRE DE VIEUZAC** (Bertrand), député des Hautes-Pyrénées à la Convention.

Rapports et discours sur différents sujets, Observations sur le rapport de Saladin, 7 n^{os}, les alors 2 n^{os}, Barère à Dubois Crancé, Défense de Barère, Appel à la Convention, La grande queue de Barère, 8 p., 76 pièces in-8. br.

11. **BARMONT** (l'abbé Perrotin de), et Bonne Savardin. Tous deux accusés d'émigration et acquittés.

Procès complet de MM. Perrotin dit *de Barmont*, et Bonne Savardin, 166 p. Discours et dénonciation contre l'abbé de Barmont, Grande arrestation de Bonne Savardin, Rapport fait au comité des recherches tendant à dénoncer Bonne Savardin, 203 p., etc., 8 pièces in-8. br.

12. **BARRAS** (Paul J. F. Nicolas, comte de), membre de la Convention et du Directoire, né à Fox en Provence.

Rapport sur le 13 vendémiaire, Dénonciation contre Barras et Sieyès, Conspiration horrible dévoilée, Déclaration de Barras et Sieyès sur la société des Jacobins, Les trois rois de la France, Barras, etc., ah! qu'ils sont bêtes! Les crimes de Barras, Justification de Barras, La nourrice de Barras au président du Conseil des 500, placard in-folio, Tentative d'enlèvement des papiers politiques de l'ex-directeur Barras, etc., 9 pièces in-8. br.

13. **BAUDIN** (P. C. L.), député des Ardennes à la Convention.

Du fanatisme et des cultes, 80 p. Anecdotes sur la Constitution, Opinion et réflexions sur le jugement de Louis XVI, Discours et rapports, 7 pièces in-8. br.

14. **BAYLE** (Moïse), député des Bouches-du-Rhône à la Convention.

Compte rendu de sa mission avec Boisset dans le département de la Drôme et des Bouches-du-Rhône au peuple souverain, à ses collègues et à la Convention, Discours sur le jugement de Louis XVI, 5 pièces in-8. br.

15. **BEAUMARCHAIS** (Pierre Aug., Caron de), auteur dramatique.

Beaumarchais à Lecointre son dénonciateur ou compte rendu des neuf mois les plus pénibles de ma vie, 1792, 6 parties in-4., formant ensemble 352 p. Pétition relative au décret d'accusation rendu contre lui, Pétition contre l'usurpation des propriétés des auteurs par des directeurs de spectacles, 1791, 9 pièces in-8 et in-4. br. Collection curieuse.

16. **BEFFROY DE REIGNY** (Louis-Abel), dit *le Cousin Jacques*, littérateur, né à Laon.

Testament d'un électeur de Paris, Paris, an IV, avec portrait. Turlutu ou la science du bonheur, poème, Nicodème dans la lune, Folie en prose, La petite Nanette, opéra-comique, Discours prononcé à la section du Mail, etc., 5 pièces in-8. br.

17. — La constitution de la lune, Rêve politique et Moral, *Paris* 1797, 1 vol. in-12. br.

18. — Les soirées chantantes ou le chansonnier bourgeois du cousin Jacques avec les airs notés, 1803, 3 vol. in-8. d.-rel.

18*bis*. — Nicodème dans la lune, 1791. Le club des bonnes gens, an V. Les deux charbonniers, an VIII. Magdelon, comédie épisodique, an VIII. Émile ou les caprices, an VIII, 5 pièces in-8. br.

19. **BERGASSE** (Nicolas), célèbre avocat, député du Lyonnais aux États-Généraux, né à Lyon.

Discours, Lettres, Réflexions, Protestations, Observations, Rapport, Réplique, Jugement rendu contre Bergasse, Bergasse réfuté, Bergasse enfin à sa place, etc., 26 pièces in-8. br.

20. **BERGOEING** (François), député de la Gironde à la Convention.

La longue conspiration des Jacobins pour dissoudre la Convention, 78 p. Opinion sur le jugement de Louis XVI, Bergoeing à ses commettants, *Caen* 1793, 44 p., 3 pièces in-8. br.

21. **BERTHIER** (Alexandre), prince de Wagram et de Neufchâtel, maréchal de France, né à Versailles.

Deux pétitions à la Convention, 1793, Berthier au comité de salut public et à l'opinion publique, 1793, 4 pièces in-4. et in-8. br.

22. **BERTRAND DE MOLLEVILLE** (Ant. Fr., marquis de), ministre et historien, né à Toulouse.

Compte rendu à l'Assemblée nationale, 4 lettres au président de la Convention, Dénonciation contre Carra, Observations, Dénonciation à la Convention sur le procès de Louis XVI, etc., 9 pièces in-8 et 1 in-4. br.

23. **BILLAUD VARENNE** (N.), député de Paris à la Convention, déporté à Cayenne, auteur de *Mémoires*.

Le peintre politique, 1789, 103 p. Plus de ministres ou point de grace, *Paris* 1790, 52 p. Les éléments du républicanisme. *Paris*, an Iᵉʳ, 132 p. Principes régénérateurs du système social, Paris, an III, 208 p., 4 pièces in-8. br.

24. — Despotisme des ministres de France, *Amsterdam* 1789, 3 vol. in-8. br.

25. — Réponse de Billaud à Laurent Lecointre, 126 p. Réponse

aux inculpations qui lui sont personnelles. 23 p. Adresse aux Français, Rapport et discours, 10 pièces in-8. br.

26. — Acte d'accusation contre Billaud, Collot, etc., 30 p. Plaidoyer de Billaud Varenne contre les meurtres des anciens membres du comité de salut public, Tu en as menti Billaud, Le masque de Verre ou notes historiques sur Billaud Varenne, Laurent Lecointre contre Billaud, La grande colère du lion Billaud Varenne, De voir que l'orateur du peuple va lui faire la barbe avec le rasoir national, 6 pièces in-8. br.

27. **BOILLEAU** (Jacques), député de l'Yonne à la Convention, décapité en l'an II.

Recueil de différents morceaux relatifs à la Révolution française, *Acatton* 1792, 11 pièces in-8. br. en 1 vol. Opinion sur le jugement de Louis XVI, Jacques Boilleau traduit au tribunal révolutionnaire, A tous les vrais sans culottes, Justification de Boilleau, 14 pièces in-8. br.

28. **BOISSY D'ANGLAS** (Fr. Ant.), député de l'Ardèche à la Convention, né près d'Annonay.

Projet de Constitution, Essai sur les fêtes nationales, an II, Boissy d'Anglas à Raynal, Rapports, Discours et opinions, etc., 17 pièces in-8. br.

29. **BOURBON** (Louis-Henri-Joseph, duc de), dernier prince de Condé, trouvé pendu à Saint-Leu.

Le dernier des Condé, par de Calvimont, 1832, 1 vol. in-8. port. d.-rel.

30. — L'assassinat du dernier des Condé, démontré contre Mme de Feuchères, par l'abbé Pélier de la Croix, 1832. Mensonges et calomnies pour la baronne de Feuchères, 1832, 2 part. en 1 vol. in-8. d.-rel.

31. — Histoire et politique de la famille d'Orléans, Révélations sur la mort du prince de Condé, Correspondance inédite, par de Lassalle, 1853. 1 vol. in-8., fac-simile, br.

32. — L'espagnolette de Saint-Leu, Calcul sur la fin tragique du prince de Condé, par Chaho de Navarre, 1841, 1 vol. gr. in-8. br., et seul paru.

33. — Observations sur l'instruction relative à la mort du prince de Condé, 1831, 1 vol. in-8. 272 p. br.

34. — Examen de la procédure criminelle instruite à Saint-Leu, devant la Cour des pairs, sur les causes de la mort du prince de Condé, 1832, 1 vol. in-8. 3 grav. br.

35. — Observations pour le prince de Rohan. Partie civile, signé Daufresne et Hennequin, 157 p. in-4. br. Mémoire pour le duc de Bourbon et la princesse de Rohan, 100 p. Deux mémoires à l'appui formé par le prince de Rohan, Consultation pour le prince de Bourbon, Précis des résultats de l'instruction, Consultation sur les circonstances de la mort violente, Arrêt relatif aux causes qui ont amené la mort du prince de Condé, 8 pièces in-4. br.

36. — Plaidoyer de Philippe Dupin pour le duc d'Aumale, Réplique de Ph. Dupin, Réponse pour le prince de Rohan, Lettres de Surval en faveur de Mme de Feuchères, 4 pièces in-8. br.

37. — Appel à l'opinion publique sur la mort du prince de Condé, 1re et 2e édit., augmentée du testament et d'un plan du premier étage du château, 56 p. Lettres anecdotiques et poli-

tiques sur les deux départs de la famille royale en 1815 et 1830, 250 p., ens. 1 vol. in-8. d.-rel.

38.   — Les secrets de Saint-Leu, 1831, 64 p. Trois ans au palais Bourbon, par le général Lambot, 1831, 127 p. Le prince de Condé, Mᵐᵉ de Feuchères et le duc d'Orléans, 1832, etc., 4 pièces en 1 vol. in-8. d.-rel.

39.   — Examen médico-légal des causes de la mort du prince de Condé, par le docteur Marc, 1831, 88 p. 6 pl. Mémoire médico-légal sur la mort violente du prince de Condé, par le docteur Gendrin, 1831, 55 p., 1 vol. in-8. d.-rel.

40.   — Cinq pièces de M. Hennequin, Plaidoyer, Réplique, Réponse pour le prince de Rohan, Observation sur l'instruction, Conclusion motivée, 2 vol. in-8. d.-rel.

40 bis. — Histoire complète et impartiale du procès relatif à la mort et au testament du duc de Bourbon, 1832, 1 vol. in-18. br. Le dernier Condé, Sa mort et son testament, 1832, in-18. br.

41. BOURDON (Léonard), député du Loiret à la Convention, né à Orléans.

Mémoire sur l'instruction et sur l'éducation nationale, *Paris, an II de la Liberté*, 130 p. Copie de la déclaration faite aux autorités d'Orléans, Recueil des actions héroïques et civiques des républicains français, 5 nᵒˢ. Rapports, Opinion, etc., 11 pièces in-8. br.

42. BRISSOT (Jacques-Pierre), député d'Eure-et-Loir à la Convention, décapité en 1793, né à Ouarville.

Un défenseur du peuple à l'empereur Joseph, *Dublin* 1785. L'autorité de Rome anéantie, 1784. Rapport dans l'affaire de MM. d'Hozier et Petit-Jean, Rapports et discours, Lettres, Motion, Dénonciations, Réflexions, Opinions, Brissot à Clermont-Tonnerre, Gouy d'Arcy, Thévenau de Morande, etc., 43 pièces in-8. br.

43.   — Brissot à ses commettants, à la Convention et à tous les Libellistes qui ont attaqué et attaquent sa vie passée, F. Chabot à Brissot, Rendez-nous nos dix-huit francs et foutez-nous le camp bien vite, signé Lebois, Brissot démasqué par Camille Desmoulins, Historique de l'arrestation de Brissot, par Rouver, Jugement de Brissot, Vie secrète et politique de Brissot, an II, 57 p. avec portrait, 10 pièces in-8. br.

44.   — L'autorité législative de Rome anéantie, par Brissot, 1784, 73 p. in-8. br.

45.   — Procès complet de J. P. Brissot et de ses complices, 31 nᵒˢ in-4. br. Édition des bulletins du tribunal révolutionnaire.

46.   — Procès de Brissot et complices, 2 vol. pet. in-8. br.

47.   — Discours, Rapports, Répliques, Brissot à ses commettants, aux Libellistes, à tous les républicains de France, à Barnave, à Clermont-Tonnerre, Chabot à Brissot, Vie secrète et politique, avec portrait, etc., 25 pièces in-8. br.

48. BRIVAL (Jean), député de la Corrèze à la Convention.

Rapport fait relativement aux papiers trouvés chez le citoyen Roland, Copie de l'adresse envoyée aux différentes communes de son département, avec carte, Discours prononcé dans la société populaire de Montargis, Copie du discours prononcé dans le temple de la raison à l'occasion du mariage du citoyen Jumel, évêque, connu à Tulle sous le nom de *Père Duchêne*, 5 pièces in-8. br.

49. **BURKE** (Edmond), publiciste anglais.

Réflexions sur la Révolution de France, 338 p. Lucubrations philosophiques avec suite, Discours, Lettres, etc., 15 pièces in-8. br.

50. **CAGLIOSTRO** (le comte Alexandre), célèbre thaumaturge.

Mémoire et requête, Affaire du collier, Réflexions de Mottus sur son mémoire, 1786, La magie de Cagliostro, Pièces judiciaires et curieuses concernant le différend survenu entre Sachy et Cagliostro, Testament de mort, avec portrait, Vie de Joseph Balsamo connu sous le nom de *Comte Cagliostro*, 1791, av. portrait, 8 pièces in-8, in-4 et in-12. br.

51. **CALONNE** (Ch. Al^{dre} de), contrôleur général des finances, né à Douai.

Lettres au roi, Mémoires, Un petit mot de réponse à Calonne par Carra, Tableau de l'Europe en 1795, Calonne démasqué et dévoilé, Grande Révolution arrivée à Londres et emprisonnement de Calonne, Dialogue entre deux brigands Calonne et Hastings, la Confession de Calonne, etc., 26 pièces in-8. br.

52. **CAMBACÉRÈS** (J. J. Régis), député de l'Hérault à la Convention, ministre, prince, archichancelier de l'empire.

Rapports sur les individus de la famille Capet actuellement en France, sur la situation de la République, Le Code civil, Opinion, Observations sur le jugement de Louis XVI, 7 pièces in-8. br.

53. **CAMBON** (Joseph), député de l'Hérault à la Convention, né à Montpellier.

Rapports sur les généraux, les finances, l'État de la République, les taxes révolutionnaires, etc., Deux discours, Cambon plaidant la cause de 73 collègues détenus, Coup d'œil d'un aveugle sur l'administration de Cambon, Deux mots sur nos finances, Lettre à Cambon, Terray Cambon traité comme il le mérite, 21 pièces in-8. br.

54. **CARNOT** (Lazare-Marie), député du Pas-de-Calais à la Convention, général, ministre, membre de l'Institut, né à Nolay (Côte-d'Or).

Rapport par Carnot, Garrau et Lamarque, commissaires de la Convention envoyés aux frontières, 1793, Rapports sur différents sujets, Discours, Opinions et déclaration, Réponse de Carnot à Bailleuil, 1798, 1 vol. in-12. Exploits des Français par Carnot, *Bâle*, 1796, 1 vol. in-12. cart. Mémoire au roi en 1814, 15 pièces in-8. br.

55. **CARRA** (Jean-Louis), député de Saône-et-Loire à la Convention, journaliste, né en Bresse, décapité en 1793.

Un petit mot de réponse à Calonne, 1787, 89 p. Système de la raison, 1791, 84 p. rogné, Discours et rapport, 3 pièces. Réponse de Bacon à une accusation de Carra, Dénonciations et plaintes contre Carra, Articles, notes et extraits d'articles de J. L. Carra, Tirés des annales patriotiques en réponse à ses accusateurs, 1793, 90 p. Réponse de Carra à ses calomniateurs, 16 p. Précis de la défense de Carra, 60 p., en tout 10 pièces in-8. br.

56. CARRIER (J. B.), député du Cantal à la Convention, né près d'Aurillac, décapité en 1794.

Rapport de Carrier (avec la suite), sur les différentes missions qui lui ont été déléguées, an III, 2 pièces de 40 et 32 p. Discours du 3 frimaire en réponse à l'accusation portée contre lui, 19 p. Acte d'accusation par Baralère, 16 p. Motifs de l'acte d'accusation contre Carrier par Dupuis, 36 p. Rapport à la Convention par la commission des 21 pour examiner la conduite de Carrier, 126 p. Appel nominal sur l'accusation, 37 p. Résumé fait au tribunal de l'opinion publique contre Carrier et ses complices par Nolin, 8 p. Tableau effrayant des crimes et forfaits commis par Carrier, pièces originales contre lui, in-4. de 32 p. Procès de Carrier en mission à Nantes. *Se vend à Paris à l'imprimerie de l'Union*, in-8, de 112 p., terminé par son épitaphe. Noyades et fusillades ou réponse au rapport de Carrier par Phélippes dit *Tronjoly, Paris*, in-8, de 106 p. Les noyades ou Carrier au tribunal révolutionnaire par Méhée fils, in-8, de 11 p. Plus de noyades, in-8, de 5 p., en tout 13 pièces in-8. br.

57. CARRIER (Pamphlets contre).

La queue de Carrier traînante dans la société populaire de Nantes, par Laporte, 8 p. A bas la tête de Carrier, 16 p. Leurs têtes branlent, à votre tour après Carrier, 8 p. Places à louer pour voir passer Carrier le jour qu'il ira à la guillotine, par Blanquette, 8 p. Le rempart de Carrier traîné dans la boue, 8 p. Justification de Carrier ou mettez vos lunettes, par Lefranc, 8 p. On veut sauver Carrier, peuple prends garde à toi, par Gracchus Babeuf, 15 p. Lettre du sensible Carrier au bienfaisant Collot d'Herbois, 8 p. Grande colère du médecin Duhem de voir qu'il ne peut sauver son ami Carrier, 16 p. Testament de Carrier, 11 p. Le nouveau testament de Carrier en faveur de Collot, Billaud et Barère, et sa grande aventure aux enfers, 16 p. Adieux de Carrier à Collot, Billaud, Barère et autres chevaliers de la guillotine, signé Borcillard, 8 p. Oraison funèbre de Carrier avec complainte, 12 p. Complainte sur les horreurs commises à Nantes par l'ordre de Carrier, 4 p. Le vœu du peuple, chanson à l'ordre du jour (contre Carrier), en tout 15 pièces in-8. br.

58. — Du système de dépopulation ou la vie et les crimes de Carrier, par Gracchus Babeuf, *Paris, Franckin*, an III, in-8. de 194 p., portrait très-curieux av. 4 vers au bas, br. Bel exempl.

59. — Vie sans pareille, politique et scandaleuse du sanguinaire Carrier, *Paris, Prévost*, an III, in-12 de 60 p., av. un curieux portrait sur bois, br. Bel exempl.

60. — Acte d'accusation par Baralère, Rapports de Carrier, Rapport de la commission des 21 pour examiner la conduite de Carrier, Dénonciation des crimes commis à Nantes par Carrier, Noyades et fusillades, Plaidoyers de Villenave et de Tronçon Ducoudray, Adieux de Carrier, Testament, On veut sauver Carrier, peuple prends garde à toi, Lettre du sensible Carrier, etc., 27 pièces in-8. br.

61. CARRIER et le comité révolutionnaire de Nantes sous son proconsulat,

Acte d'accusation, Rapport de Bernier et de Delecloy, Opinion de Méaulle, Relation du voyage des 132 Nantais, Encore un mot et détails sur les 132 Nantais, Plaidoyers de Villenave et de Tronson du Coudray dans l'affaire du comité révolutionnaire de Nantes, Chaux, membre du comité révolutionnaire de Nantes aux amis de la vérité, avec supplément, La voix dans le désert, par Chaux, Procès du comité révolutionnaire à la Convention et exposé de sa conduite, Pétitions des citoyens et citoyennes, etc., 24 pièces in-8. br.

62. CÉRUTTI (Ant. Jos. Joachim), député de Paris à la Législative, journaliste, etc.

Mémoires, Lettres, Harangues, Adresses, Apologies, etc., Les jardins de Betz, poème, Épître en vers irréguliers sur les jardins, Bréviaire philosophique, 1791, L'aigle et le hibou, fable, Recueil de quelques pièces de littérature en prose et en vers, Correspondance de Mme . . . avec Cérutti sur la noblesse, Éloge funèbre de Mirabeau, etc., 36 pièces in-8. br.

63. CHABOT (F^{ois}), capucin, député d'Eure-et-Loir à la Convention, né dans le Rouergue, décapité en l'an II.

Projet d'acte constitutif des Français, Discours sur les finances, Recettes et dépenses de la République, 3 parties, Vie de M. Chabot, Vie privée de l'ex-capucin François Chabot et de Gaspard Chaumette, en tout 7 pièces in-8. br.

64. CHAPELIER (Jean-René, Guy le), député d'Ille-et-Vilaine à la Constituante, né à Rennes, décapité en l'an II.

Dialogue entre Chapelier et son chien Soliman, Lettre de Cartouche à ses représentants, Chapeaux à vendre, Dialogue, Vie privée et politique du roi Isaac Chapelier, *Rennes* 1790, 112 p. 7 pièces in-8. br.

65. CHÉNIER (Marie-Joseph), député de Seine-et-Oise à la Convention, membre de l'Institut.

Rapports sur divers sujets, Discours, Charles IX ou l'école des rois, tragédie avec la critique et un coup d'œil impartial sur cette tragédie, etc., 25 pièces in-8. br.

66. CLAVIÈRE (Étienne), ministre des contributions publiques; il se donna la mort en 1793 pour échapper à l'échafaud.

Comptes rendus, Pétitions, Éclaircissements, Correspondance de Clavière, et du général Montesquiou, Clavière à ses concitoyens, Mémoire à la Convention sur la conjuration contre les finances, Paris 1792, Fermez la Bourse jusqu'à ce que Paris soit port de mer, placard du 5 juillet 1793, signé Clavière, Exposé de la conduite de Clavière, Paris, an II, in-4, etc., 32 pièces in-8. et in-4. br.

67. CLOOTS (J. Baptiste, dit *Anacharsis*), député de l'Oise à la Convention, décapité avec Hébert en 1794.

L'orateur du genre humain, *Paris* 1791, in-8. de 177 p. br.

68. — La certitude des preuves du Mahométisme, *Londres* 1780, 1 gros vol. in-12. br.

69. — Vœux d'un Gallophile, *Amsterdam* 1786, 1 vol. in-12, br.

70. — La République universelle, Adresse aux Tyrannicides, *Paris*, an IV, in-8. de 196 p. br.

71. — Anacharsis à Paris, Lettre à un prince d'Allemagne, *Paris* 1790, 28 p. Adresse d'un Prussien à un Anglais (Edmond Burke), 1790, 51 p. Ni Marat ni Roland, Paris 1792, 16 p. Les Bataves opprimés aux Français libérateurs, 1792, 15 p. Adresse aux Sans-Culottes Bataves, 1793, 16 p. Anacharsis Cloots aux assemblées primaires du Brabant, etc., 1792, 5 p. Opinion sur les spectacles, 11 p. 4 discours. A mon tour la parole, Réponse aux Diatribes Rolando-Brissotines, 1792, 8 p. Rapport du 20 octobre an 1er, 4 p., et Harangue sur le jugement de Louis XVI, 10 p., 13 pièces in-8. br.

71 *bis*. — Bases constitutionnelles de la République du genre humain, 1793, 44 p. Étrennes de l'orateur du genre humain aux Cosmopolites, 1793, 66 p. Appel au genre humain, an II, 20 p., 4 pièces in-8. br.

72. — Henri Bancal à A. Cloots, son collègue, 16 p. J. B. Girot à Anacharsis Cloots, représentant de l'Univers, 15 p., et réponse au Prussien Cloots, par Roland, Kersaint, Guadet et Brissot, 14 p., 3 pièces in-8. br.

73. — Appel au genre humain, Étrennes de l'orateur du genre humain, Bases constitutionnelles de la république du genre humain, Adresse aux Français, Ni Marat, ni Roland, et autres écrits, 10 pièces in-8. br.

74. **COLLOT D'HERBOIS** (Jean-Marie), député à la Convention et auteur dramatique, déporté à la Guyane, où il est mort.

Réponse à la pétition des Lyonnais, Éclaircissement sur ce qui s'est passé à la commune affranchie, Collot mitraillé, par Tallien, Rapport sur l'assassinat de Collot, par Barère, Défense et justification de Collot, pièce importante et très-curieuse dans l'affaire de Collot d'Herbois et de ses complices, Discours, Rapports, etc., 14 pièces in-8. br.

74 *bis*. — THÉATRE. Le paysan magistrat, L'inconnu, Adrienne, La famille patriote, Le procès de Socrate et l'aîné et le cadet, 1790-1792, 6 pièces in-8. br.

75. **CONDÉ** (Louis-Joseph de Bourbon, prince de), chef de l'armée de ce nom.

Son manifeste avec la réponse, Nouvelle conspiration, Le prince de Condé généreusement protégé par Lameth et Robespierre, Adresse au roi, à la reine et au prince de Condé, par Mme de Gouges, Lettre du roi au ci-devant prince de Condé, Mémoire au roi, sa vie politique et privée, *Paris* 1791, 88 p. avec portrait, 6 vers au bas, etc., 12 pièces in-8. br.

76. **CONDORCET** (Marie J. Ant. de CARITAT, marquis de), député de l'Aisne à la Convention, membre de l'Académie française, né à Saint-Quentin, s'est suicidé en 1793.

Sur les fonctions des États-Généraux, 1789, 2 vol. Sur la réforme des élections, Est-il utile de diviser une Assemblée nationale en plusieurs chambres, Réflexions sur la Révolution de 1688 et sur l'usufruit des bénéficiers, Rapport sur l'instruction publique, Six opinions sur divers sujets, Adresse aux Bataves, Avis aux Espagnols, Discours, La République aux hommes libres, Lettre à la Convention, Ce que les citoyens ont droit d'attendre de leurs représentants, Réflexions sur l'opinion de Condorcet, 1792, Condorcet convaincu de Plagiat, Discours sur l'astronomie, Notice sur la vie de Condorcet, par Diaunyère, an IV, en tout 25 pièces in-8. br.

77. **CONSTANT** (Benjamin), célèbre publiciste, orateur et philosophe.

Principes de politique, 1815, Des suites de la Contre-Révolution de 1660, Des réactions politiques, Opinions, Discours et autres écrits, 19 pièces et 1 vol. in-8. br.

78. **CONTI** (Louis Fçis. Joseph de Bourbon, prince de), général en chef.

Commentaire roturier sur le noble discours du prince de Conti, L'anti-moteur ou réponse à sa motion, Français prenez garde à vous, ou vous êtes perdus (contre le prince de Conti), Vie privée et politique du prince, *Turin* 1790, in-8. de 100 p. avec portrait, deux vers critiques au bas, etc., 5 pièces in-8. br.

79. **CORDAY** (Marie-Anne-Charlotte), assassin de Marat, née à Saint-Saturnin, décapitée en 1793.

Charlotte Corday décapitée à Paris le 16 juillet 1793 ou mémoires pour servir à la vie de cette femme célèbre, par Couet Gironville, *Paris*, an IV, 144 p. avec portrait. Charlotte Corday, par Adam Lux, 8 p. Son procès, édition du tribunal révolutionnaire, 4 nᵒˢ complet, 6 pièces in-8 et in-4. br.

80. — Essai historique sur la personne et l'attentat de Charlotte Corday, suivi de pièces justificatives, par L. Dubois, 1838, in-8. port. et fac-sim. br.

81. — Charlotte Corday ou la Judith moderne, 1797, fig. Le régime décemviral, drame en 3 actes, an V. La mort de Louis XVI, 1797, fig., 3 vol. in-18. br.

82. **COUPÉ** (J. M.), député de l'Oise à la Convention.

Rapport sur les abeilles, les vers à soie, Motions sur l'instruction publique, De l'amélioration du sol français, Idées simples de Constitution, 7 part., en tout 15 pièces in-8. br.

83. **COUTHON** (George), député du Puy-de-Dôme à la Convention, né en Auvergne, décapité avec Robespierre.

Adresse, Rapport sur le siège de la commune affranchie ci-devant Lyon, 25 p. et 4 autres rapports, 6 pièces in-8. br.

84. **COUTURIER** (J. P.), député de la Moselle à la Convention.

Rapports des opérations civiles et militaires des citoyens Couturier et Dentzel, députés près les départements de la Meurthe, de la Moselle et du Bas-Rhin, 112 et 215 p. Plan et projet de décret sur le gouvernement révolutionnaire, Plan de gouvernement de la République française, 32 p., etc., 5 pièces in-8. br.

85. **CUBIÈRES** (Michel, chevalier de), poëte, secrétaire-greffier de la commune de Paris, né à Roquemaure.

Voyage à la Bastille, fait le 16 juillet 1789, Les Etats-Généraux du Parnasse, de l'Europe, de l'Eglise et de Cythère, *Paris* 1791, 1 vol. de 383 p. Dorat Cubières à Jean Acton, ministre du roi de Naples, 142 p. Le Calendrier républicain, poème, *Paris an XII*, 181 p. La baronne de Chantal, drame en 3 actes et en vers, Paris an III, 410 p., légèrement taché à la fin sur une partie des marges, 3 vol. et 2 pièces in-8. br.

86. — OEuvres choisies de Dorat-Cubières, *Paris* 1793, 2 vol. in-12. br.

87. **DAUNOU** (P. Cl. F^ois), député du Pas-de-Calais à la Convention, membre de l'Institut, né à Boulogne-sur-Mer.
Essai de Constitution, Discours, Opinions, Rapports, Motion d'ordre, Observations, Considérations, etc., 17 pièces in-8. br.

88. **DAVID** (Jacques-Louis), célèbre peintre d'histoire, membre de la Convention.
David au président de la Convention, Discours et rapports sur divers sujets, Ses mémoires, par Miette de Villars, *Paris* 1850, 5 pièces et 1 vol. in-8. br.

89. **DEBRY** (Jean), député de l'Aisne à la Convention, l'un des plénipotentiaires assassinés à Rastadt.
Projet de déclaration des Droits de l'homme, Discours, Opinion, etc., 8 pièces in-8. br.

90. **DESMOULINS** (Camille), député à la Convention et journaliste, né à Guise, décapité avec Danton.
La France libre, 1789, 3e éd., 76 p. Discours de la Lanterne aux Parisiens, *en France l'an premier de la Liberté*, 62 p. Réplique aux deux mémoires des sieurs Leleu, insignes menniers de Corbeil, *Paris* 1789, 56 p. Lettre au général Dillon, *Paris* 1793, 58 p. Jean-Pierre Brissot démasqué, 60 p. Histoire des Brissotins ou Fragment d'histoire secrète de la Révolution, 1793, 80 p. Discours et opinions. Plainte de Malouet, 10 p. Dénonciation de Malouet, 24 p. Dénonciation par le v^te de Mirabeau, *Paris* 1790, 23 p. A Camille Desmoulins par Patris, 8 p. Hébert à Cam. Desmoulins, 12 p. Lettre de Cam. Desmoulins à sa femme, 4 p. L'ombre de Camille Desmoulins, par Barbet, 26 p., 16 pièces in-8. br.

91. — Correspondance inédite de Camille Desmoulins, publiée par Maton, 1834, 1 vol. in-8, fac-sim. port. br.

92. — Discours de la Lanterne aux Parisiens, Lettre au général Dillon, Discours et opinion sur le jugement de Louis XVI, Brissot démasqué, Histoire des Brissotins, Dénonciation des révolutions de France et de Brabant, par Malouet, Hébert à Cam. Desmoulins, L'ombre de Cam. Desmoulins, etc., 9 pièces in-8. br.

93. **DILLON** (Arthur, comte de), général, décapité en 1794.
Compte rendu au ministre de la guerre, suivi de Pièces justificatives, *Paris* 1792, 108 p. Lettre à Delessart, Rapport sur sa conduite, par Merlin de Douai, Questions intéressantes et curieuses sur les massacres de M. Dillon et autres, plus 4 écrits de l'abbé Arthur Dillon, 8 pièces in-8. br.

94. **DUBOIS DE CRANCÉ** (Edmond-Louis-Alexis), général, député des Ardennes à la Convention, ministre, né à Charleville.
Le véritable portrait de nos législateurs, *Paris* 1792,

180 p. Trois dialogues entre deux Jacobins, Compte rendu de sa mission (au siège de Lyon), 62 p. Réplique à Barère, Tableau des persécutions que Barère lui a fait éprouver pendant quinze mois, Réponse de Barère à Dubois Crancé, 64 p. Discours, Rapports, Motions d'ordre, Dubois Crancé à ses concitoyens, aux Jacobins, à ses commettants, etc., **28** pièces in-8. br.

95.　— Sa réponse aux inculpations de ses collègues Couthon et Maignet, 3 parties in-8. br., ens. 548 p.

96. **DULAURE** (J. Antoine), député du Puy-de-Dôme à la Convention et historien, né à Clermont-Ferrand.

Du fédéralisme en France, 13 p. Physionomie de la Convention nationale, 8 p. Rapport, Opinion, Observations à ses commettants, Supplément aux Crimes des anciens comités de gouvernement et tableau de sa conduite politique, *Paris an III*, 140 p., etc., 7 pièces in-8. br.

97. **DUMOURIEZ** (Charles F^{ois} Duperier), général en chef et ministre, né à Cambrai.

Tableau spéculatif de l'Europe, Ses mémoires, *Londres* 1794, Suite aux mémoires et notes, Correspondance de Dumouriez avec Pache, Les merles dénichés ou les crimes du général Dumouriez, 46 p. Divers écrits publiés contre lui, 24 pièces in-8. br.

98. **DUPONT** (Pierre-Samuel), député de Nemours à l'Assemblée nationale, membre de l'Institut.

Le Pacte de famille, 1790, 152 p. Observations sur la Constitution, an III. Principes constitutionnels, Opinion, Discours, Lettres et réponses de Dupont à Pétion et de Pétion à Dupont, etc., 43 pièces in-8. br.

99. **DUPORT** (Adrien), député de Paris à l'Assemblée nationale.

Principes fondamentaux de la police et de la justice, Discours et opinions, 6 pièces in-8. br.

100. **DURAND MAILLANE** (Pierre-Toussaint), député des Bouches-du-Rhône à la Convention.

Rapports, Opinions, Plan de Code civil, etc., 19 pièces in-8. br.

100 *bis*. **DUSAULX** (Jean), député à la Convention et littérateur, de l'Académie française, né à Chartres.

De l'insurrection parisienne et de la prise de la Bastille, *Paris* 1790, 1 vol. Rapport, Discours et opinion, 4 pièces et 1 vol. in-8. br.

101. **DUVAL D'EPREMESNIL** (Jacques), conseiller au Parlement, député à la Constituante, décapité en l'an II.

Opinions, Discours, Observations, Déclarations, Diverses lettres à d'Epremesnil, Le bonhomme Duval à son fils, Le Fou retrouvé, Avis au commandant des îles de Sainte-Marguerite, Avis au public de la part du commandant des îles de Sainte-Marguerite, Lettre de Roldin, premier roi des îles de Sainte-Marguerite, à Louis XVI, Le vrai d'Epremesnil, Histoire du siège du Palais ou récit de l'enlèvement de d'Epremesnil, etc., 19 pièces in-8. br.

102. **ENGHIEN** (Louis-Henri de Bourbon, duc d'), fusillé à Vincennes en 1803.

Le duc d'Enghien, épisode historique, par E. Marco de Saint-Hilaire, 1844, 1 vol. in-8. d.-rel.

103. — Extrait des mémoires de Rovigo sur la catastrophe du duc d'Enghien, 1823. Mémoires du duc de Rovigo sur la mort de Pichegru, 1825. Pichegru, son procès et son suicide, 1825, 1 vol. in-8. d.-rel.

104. — Sept pièces relatives à la mort du duc d'Enghien, publiées de 1814 à 1853, réunies en 1 vol. in-8. d.-rel.

105. — Treize pièces relatives à l'arrestation et à l'exécution du duc d'Enghien, publiées de 1814 à 1829, réunies en 2 vol. in-8. d.-rel.

106. **ESCHASSÉRIAUX** aîné (Joseph), député de la Charente-Inférieure à la Convention.

Des droits des peuples, Rapports et opinions, Le cri de la nature, etc., 8 pièces in-8. br.

107. **FABRE D'EGLANTINE** (P. F. N.), poëte dramatique, député à la Convention, décapité en l'an II.

Rapports sur le calendrier et l'agiotage, Discours, Opinion, Lettre au sujet du Présomptueux, Le Convalescent de qualité, 6 pièces in-8. br.

108. — Œuvres mêlées et posthumes de Fabre d'Eglantine, an II, 2 vol. in-8. portr. br. Piqûres de vers à la première feuille.

109. **FAUCHET** (Claude), évêque constitutionnel, journaliste, député du Calvados à la Convention, décapité en l'an II.

Trois discours sur la liberté française, Sermon sur l'accord de la religion et de la liberté, Motions diverses, Lettres, Mandement, Opinion, Claude Fauchet à la Convention et à trente jacobins, Dénonciation contre Delessart, Oraison funèbre de l'abbé de l'Epée, Eloge civique de Franklin, Description curieuse des 60 drapeaux offerts aux 60 districts de la ville de Paris, 1790, 146 p. L'abbé Fauchet peint par lui-même et ses crimes dévoilés, Contraste entre un quaker et l'abbé Fauchet, Claude Fauchet, l'intrus du Calvados, pot-pourri, 16 p. Sa vie, par l'abbé de Valmeron, 1791, 36 p., 26 pièces in-8. br.

110. — De la religion nationale, *Paris* 1789, 1 vol. in-8. br.

111. — Discours, Motions, Sermons, Fauchet à la Convention, Eloge de Franklin, Contraste entre un quaker et Fauchet, par Valmeron, Sa vie, par le même, etc., 12 pièces in-8. br.

112. **FAVRAS** (Thomas Mahy de), condamné comme conspirateur et exécuté en place de Grève en 1790.

Adresse à l'ordre de la noblesse, par Favras, 1789. Correspondance du marquis et de la marquise de Favras pendant leur détention, in-8 de 107 p. Autre édition avec un très-joli portrait ayant 8 vers au bas. Mémoire, 47 p. in-4. Mémoire justificatif, 83 p. Plaidoyers pour Thilorier et de Cormeré, Réponse de Bezenval à Favras, Lettres, Adresses, Réflexions sur le jugement, Trois testaments différents, L'ombre de Favras à Bonne Savardin, etc., 20 pièces in-8. br.

113. — Justification de Favras, par Mahy de Cormeré, *Paris* 1791, 1 vol. in-8. port. rel. v. filets.

114. **FOUCHÉ** (Joseph), duc d'Otrante, député de la Loire-Inférieure à la Convention, ministre, etc., né près de Nantes.

Mémoire historique, Rapports, Lettre, Réflexions, Mémoires, Sa vie privée, politique et morale, 8 pièces in-8. br.

115. FOULON (J[h]. F[ois]), administrateur de l'armée et ministre, né à Saumur, massacré en 1789.

Les Tyrans anéantis ou Foulon prisonnier de la nation, 7 p. La Botte de foin ou mort tragique de Foulon, 4 p. Testament de Judas-Ravaillac-Cartouche de Foulon, 6 p. Convoi, service et enterrement de Foulon et Berthier de Sauvigny, morts subitement en la place de Grève, 1789, 8 p. Dialogue entre Delaunay, Flesselles, Foulon et Berthier aux enfers, 8 p., 5 pièces in-8. br.

116. FOUQUIER TINVILLE (Antoine-Quentin), accusateur public au tribunal révolutionnaire, né à Hérouel, décapité en 1794.

Mémoire, 22 p. in-4. Réponse aux différents chefs d'accusation portés contre lui, 88 p. Atrocités de Fouquier, Apostille à l'inventaire, Lettre du citoyen Leymerie contre Fouquier, Crimes de Fouquier Tinville, etc., 7 pièces in-8. br.

117. FRÉRON (Louis-Stanislas), député à la Convention, journaliste, auteur de mémoires.

Mémoire sur la réaction royale et sur les massacres du Midi, *Paris an IV*, 312 p. Discours, Opinions, Motions, Adresse, Chasles, Dussault, Durand Maillane, Isnard et Mévolhon à Fréron, Le grand rappel à l'ordre de Fréron, Ma réponse aux Épisodes de Fréron, par Taillefer, Fréron accusé de modérantisme, Fréron démasqué, Le dernier coup de tocsin de Fréron, A Sa Majesté Fréronième, Stanislas Ier du nom, etc., 20 pièces in-8. br.

118. GARAT (Dominique-Joseph), conventionnel, ministre et sénateur, né à Ustaritz.

Considérations sur la Révolution française, 1792, 96 p. Garat à Condorcet et à Ginguené, Doulcet à Garat, Discours, etc., 6 pièces in-8. br.

119. GENLIS (Félicité DUCREST, comtesse de), gouvernante du duc de Chartres, romancière, auteur de *Mémoires*.

Discours sur l'éducation de M. le Dauphin, *Paris 1790*, 72 p. Discours sur la suppression des couvents de religieuses et sur l'éducation publique des femmes, *Paris 1790*, 84 p. Discours sur le luxe et sur l'hospitalité, *Paris 1791*, 46 p. Lettre à Monsieur de Chartres, 1796, 11 p. Vie de Mme de Sillery, 8 p. L'ombre de Fénelon à Mme de Genlis, par Hus, 1811, 6 pièces in-8. br. Réunion peu commune.

120. GENSONNÉ (Armand), député de la Gironde à la Convention, décapité en l'an II.

Gensonné à ses collègues, Déclaration du 2 juin 1793, Rapport, opinion et lettre, 6 pièces in-8. br.

121. GOBEL (J. B. J[h].), évêque, constitutionnel de Paris, député du Haut-Rhin à l'Assemblée constituante.

Mémoires justificatifs, Mandements portant abolition du carême et sur la mort de Mirabeau, Opinion, Lettres pastorale et circulaire, Correspondance secrète de Gobel, Au nouveau Lucius de l'Eglise de Paris, Diverses lettres à Gobel, Problème, Réfutation, etc., 18 pièces in-8. br.

122. **GRÉGOIRE** (Henri), évêque de Blois, député de Loir-et-
Cher à la Convention, membre de l'Institut.

Trois rapports sur les destructions opérées par le vanda-
lisme, du 14 fructidor an II au 24 frimaire an III, in-8. br.

123. — Rapports sur la bibliographie, sur l'établissement d'un
Conservatoire des Arts et Métiers, les encouragements à
accorder aux savants, les livres élémentaires, les Académies,
la nécessité et les moyens d'anéantir le patois et d'univer-
saliser l'usage de la langue française, et sur les moyens de
rassembler les matériaux nécessaires à former les Annales
du civisme, 7 pièces in-8. br.

124. — Discours sur la liberté des cultes, Rapports, adresses et
opinions sur divers sujets, Lettres pastorales, De l'influence
du christianisme sur la condition des femmes, De la noblesse
de la peau ou du préjugé des blancs contre les noirs, De la
Constitution française, 1814. Lettre aux électeurs de l'Isère.
Épître à Grégoire, etc., 21 pièces in-8. br.

125. — Histoire du mariage des prêtres en France, *Paris* 1825,
in-8 de 156 p. br.

126. — De la domesticité chez les peuples anciens et modernes,
par Grégoire, 1814, 1 vol. in-8. br.

127. **GRILLE** (F^{ois}), d'Angers, littérateur et poëte.

Épitres en vers, accompagnées d'autres pièces de poésies,
Paris 1853, 37 pièces réunies en 1 vol. in-8. d.-rel. v.

128. — Le Fagot d'épines, *Angers* 1843, in-8. cart. L'École du
commerce, comédie, Le jeune romantique, tableau satyrique en 5 parties. Athalie, tragédie lyrique, et autres opuscules du même auteur, 20 pièces in-8. br., 2 cart.

129. — Pamphlets électoraux, *Angers* 1848, 10 n^{os} dont 9 imprimés et le 10e entièrement autographe de l'auteur, préparé
pour l'impression, 19 p. in-8 avec ratures et corrections, le
tout cart. n. rog. Exemplaire unique.

130. **GUFFROY** (Armand-Benoît-Joseph), député du Pas-de-
Calais à la Convention et journaliste, né près d'Arras.

Le Tocsin. Sur la permanence de la garde nationale, 1789,
124 p. avec carte. Soufflet à l'imposture, Discours, etc., 6
pièces in-8. br.

131. **HÉBERT** (Jean-René), journaliste, connu sous le nom
du *Père Duchêne*, né à Alençon, décapité en 1793.

Hébert à Camille Desmoulins, Procès d'Hébert, 161 p.
Vie privée et politique d'Hébert, *Paris an II*, 32 p., 3 pièces
in-8. br.

132. — Vie privée et politique de J. R. Hébert, Paris an II, 35 p.
Hébert à Cam. Desmoulins, Détails de ce qui s'est passé aux
Tuileries le 10 août. Sur le massacre des prisons et sur
celui des prisonniers d'Orléans, par Hébert. Son acte d'accusation et son jugement, 7 pièces in-8 et in-4. br.

133. **HENTZ** (Nicolas), député de la Moselle à la Convention.

Rapports sur sa mission près de l'armée de l'Ouest et de
Rhin-et-Moselle, Notes, opinions et réflexions, 6 pièces
in-8. br.

134. **HÉRAULT DE SÉCHELLES** (Marie-Jean), député à
la Convention, décapité en l'an II.

Voyage à Montbar, *Paris an IX*. Théorie de l'ambition, Rapports, Discours, Lettres, etc., 14 pièces in-8. br.

135. ISNARD (Maximin), député du Var à la Convention.

Isnard à ses collègues, Isnard à Fréron, De l'immortalité de l'âme, Proscription d'Isnard, Discours, Observations, Compte rendu, etc., 19 pièces in-8. br.

136. JEAN BON SAINT-ANDRÉ, député du Lot à la Convention, né à Montauban.

Sur l'éducation nationale, Rapport sur la trahison de Toulon, Journal de la croisière de la flotte de la République, Opinions, etc., 5 pièces in-8. br.

137. JULIEN (Jean), député de la Haute-Garonne à la Convention, né à Nîmes.

Rapports sur les administrations rebelles, sur les troubles arrivés à Beaucaire, Opinion sur le jugement de Louis XVI, etc., 5 pièces in-8. br.

138. LAFAYETTE, général et député, auteur de *Mémoires*.

Mémoires historiques et pièces authentiques sur Lafayette, Paris an II de la Liberté, in-8 de 303 p. Apologie, Opinions, Adresses, Discours de Brissot et Torné sur Lafayette, Grande conspiration contre Lafayette et la nation, Conseils de Lafayette aux gardes nationales, L'Échappé du palais ou le général Jacquot perdu, Affaire du général Lafayette, etc., 38 pièces in-8. br.

139. — Interrogatoire de Lafayette pardevant les grands jurés du Palais-Royal, 48 p. Lafayette traité véritablement comme il le mérite, 2 pièces. Conspiration du club des Jacobins contre Lafayette, Correspondance de Roland avec Lafayette, Crimes de Lafayette en France, Les bassesses de l'armée bleue ou conduite abominable de Lafayette, 2 n°s. Le cheval blanc et les frères bleus, Le triumvirat ou MM. Lafayette, Bailly et Necker, poème comique en 3 chants, Le prisonnier d'Olmutz, drame en un acte, par Préfontaine, 1797, 11 pièces in-8. br.

140. — Notice historique sur le marquis de Lafayette, 1789, 24 pièces. Vie impartiale, politique, militaire et domestique du marquis de Lafayette, général des Bleuets, ornée de son portrait, 1790, 88 p. Vie publique et privée, avec des détails sur l'affaire du 6 octobre, etc., 1791, 69 p. De la vie politique, de la fuite et de la capture de M. Lafayette, par Rivarol aîné, *Liège* 1792, 46 p. Confession générale de Lafayette à l'abbé de Saint-Martin, in-12, 1790, avec fig. color., etc., 7 pièces in-8 et in-12. br.

141. LAHARPE (Jean-François de), littérateur et critique, de l'Académie française.

De l'état des lettres en Europe, Acte de garantie pour la liberté individuelle, De la guerre déclarée par nos derniers tyrans à la raison, à la morale, aux lettres et aux arts, Le salut public ou la vérité dite à la Convention, Oui ou non, Du fanatisme dans la langue révolutionnaire, etc., 8 pièces in-8. br.

142. LAKANAL (Joseph), député de l'Ariége à la Convention, membre de l'Institut.

Rapports sur les écoles centrales, les écoles primaires, les écoles normales, le télégraphe, Projet d'éducation, Rapport sur l'assassinat de *Joseph Sauveur*, du Morbihan, Exposé sommaire des travaux de Jós. Lakanal, *Paris* 1838, 231 p., 7 pièces in-8, br.

143. **LALLY TOLLENDAL** (Trophime-Gérard, marquis de), pair de France, de l'Académie française.
De l'influence de la révolution sur la ville de Paris, Quintus Capitolinus aux Romains, Mémoire pour réclamer la liberté de Lafayette, Plaidoyer pour Louis XVI, 1793, Lettres, Discours, Observations, etc., 17 pièces in-8, br.

144. **LAMBESC** (Ch.-Eug. de Lorraine, prince de), colonel de Royal allemand, grand-écuyer de France.
Le sabreur des Tuileries dans l'embarras, Procès du prince de Lambesc, Précis historique et justificatif du prince de Lambesc, 3 pièces in-8, br.

145. **LAMETH** (Charles et Alexandre), tous deux généraux et députés à l'Assemblée constituante.
La prise des Annonciades, avec réponses, Récit de ce qui s'est passé entre Ch. Lameth et le duc de Castries, Grand assassinat de Charles Lameth, Duel entre deux souverains, Les Lameth, par feu Maréchal, ci-devant marquis de Bièvre, etc. Le prince de Condé généreusement protégé par MM. de Lameth et Robespierre, etc., 26 pièces in-8, br.

146. **LANJUINAIS** (Jean-Denis), député d'Ille-et-Vilaine à la Convention, comte et pair de France, né à Rennes.
Rapports, Discours, Opinion sur le jugement de Louis XVI, Dernier crime de Lanjuinais aux assemblées primaires, etc., 6 pièces in-8, br.

147. **LANTHENAS** (François), député de Rhône-et-Loire à la Convention nationale.
Bases fondamentales de l'instruction publique, 1793, 190 p. L'éducation, cause éloignée et souvent même cause prochaine de toutes les maladies, 1793, 92 p. De l'influence de la liberté sur la santé, 1792. De la liberté indéfinie de la presse, 1791. Déclaration des devoirs de l'homme, Rapport sur les écoles primaires, etc., 11 pièces in-8, br.

148. — Bases fondamentales de l'instruction publique et de toute Constitution libre, 2e édit., Paris an III, 1 vol. in-8 de 635 p. br.

149. **LASOURCE** (Marie-David-Alba), député du Tarn, à la Convention, né en Languedoc, décapité en l'an II.
Rapports sur l'affaire de Montmorin, sur la conduite à prescrire aux généraux français en pays ennemi, Opinions, Discours, Lasource au président de la Convention contre Chabot et Chaumette, 8 pièces in-8, br.

150. **LEBON** (Joseph), député du Pas-de-Calais à la Convention, né à Arras, décapité en 1795.
Coup d'œil sur les massacres du district de Saint-Pol sous la régence de Js Lebon, Abus d'autorité commis dans les arrestations multipliées qui ont lieu en la commune d'Arras, Les citoyens d'Arras à la Convention, Atrocités commises envers les citoyennes d'Arras, Le dernier coup porté aux hommes de sang, Vengeance de Js Lebon, Les crimes de Js Lebon, Les secrets de Js Lebon et de ses com-

2

plices, Deuxième censure républicaine ou lettre de Guffroy à la Convention, 612 p., 9 pièces in-8. br.

151. — Lettres de J^h Lebon à sa femme pendant les quatorze mois de prison qui ont précédé sa mort, avec une préface, par son fils Émile Lebon. Quelques lettres de J^h Lebon, antérieures à sa carrière politique, 1788-91, publiées par son fils. Réfutation, article par article du rapport à la Convention nationale sur la mise en accusation de J^h Lebon, par son fils Émile Lebon, juge au tribunal de première instance de Châlons-sur-Saône, *Châlons* 1845-55, 1 vol. in-8. br.

152. **LE CARPENTIER** (N.), député de la Manche à la Convention, né près Cherbourg.

Rapport sur sa mission dans le département de la Manche, *Paris* an III, 151 p. Discours et opinion sur le jugement de Louis XVI, 3 pièces in-8. br.

153. **LECOINTRE** (Laurent), député de Seine-et-Oise à la Convention.

Les abus des pouvoirs illimités, L'abolition du gouvernement révolutionnaire, Éclaircissements sur le compte rendu de Narbonne, Lettres, Arrêtés, Discours, Circulaires, Correspondances, Opinions, Le cri des familles, Les crimes des sept membres des anciens comités de salut public, Supplément à l'accusation de Lecointre, Réponse des membres des anciens comités de salut public et de sûreté générale, La grande queue de Laurent Lecointre, etc., 26 pièces in-8. br.

154. **LEPELETIER DE SAINT-FARGEAU** (Louis-Michel), député de l'Yonne à la Convention, assassiné le 20 janvier 1793.

Plan d'éducation nationale, Poème lyrique sur sa mort, par Maréchal, Deux éloges historiques, Sa vie, par son frère Félix Lepeletier, Trois autres écrits, du même, etc., 11 pièces in-8. br.

155. — Œuvres de Michel Lepeletier Saint-Fargeau, *Bruxelles* 1826, 1 vol. in-8. 2 port. br.

156. **LEQUINIO** (Joseph-Marie), député du Morbihan à la Convention, né près de Vannes.

Les trois chapitres ou la voix du patriotisme, Élixir du régime féodal, Mes doléances, L'école des laboureurs, Richesse de la République, Des fêtes nationales, Rapport comme commissaire envoyé aux frontières du Nord, Plan d'éducation nationale, Opinions, Rapport, Guerre de la Vendée et des Chouans, *Paris* an III, etc., 16 pièces et 1 vol. in-8. br.

157. **LINDET** (J. B. Robert), député de l'Eure à la Convention.

Discours sur les dénonciations portées contre l'ancien comité de salut public, Exposition des motifs qui l'ont déterminé à voter pour l'arrestation de trente-deux membres de la Convention, Rapports et projets de décret, Rapport qui a précédé l'acte énonciatif des crimes de Louis Capet, Attentat et crimes de Louis dernier, roi des Français, 7 pièces in-8. br.

158. **LOUIS XVI**, roi des Français, décapité en 1793.

Les bienfaits de Louis XVI, 1793. Louis XVI dans son cabinet ou mémoire pour servir à l'histoire de la révolte de France, 1791. Reproches à son peuple, Ses douleurs, Ses vertus, Sous un roi nous avions du pain, Plus de dix-huit francs, Nous voulons un Louis, Louis XVI, Exemple effrayant de la fatalité, A ses soldats, Détrôné par lui-même, Dévoilé, Traité comme il le mérite, Vengé, La vérité à la cour, Un petit mot à Louis XVI sur les crimes de ses vertus, Rapprochement et parallèle des souffrances de Jésus-Christ avec celles de Louis XVI, etc., 20 pièces in-8. br.

159. — Les États-Généraux convoqués par Louis XVI, 3 parties. Qu'est-ce qu'un roi? Figaro au roi, Les bouquets du roi, Du règne de Louis XVI, Français connaissez votre roi, Le roi trompé, Les trois âges de Louis XVI, Le règne du prince, Trop bon dans le royaume des fous, Le réveil de Louis XVI, Lettres, Adresses, Discours et autres écrits, 140 pièces in-8. br. Collection intéressante.

160. — Veni creator spiritus, *au Louvre, l'an de la liberté zéro*, 46 p., figure, Pange Lingua, *à Saint-Cloud* 1790, 45 p., figure, La pentecôte de Louis XVI, 1790, 29 p. La passion et la mort de Louis XVI, *Jérusalem* 1790, 27 p., figure. La passion de 1790, 24 p. L'ascension de Louis XVI *au ciel même*, 1790, 24 p., figure, Résurrection de Louis XVI, *Jérusalem* 1790, 30 p., figure, 7 pièces in-8. br.

161. — Le songe de Louis XVI et sa conversation avec Henri IV, Prière d'Henri IV adressée à Louis XVI, Henri IV et Louis XIV au petit coucher de Louis XVI, Louis XIV au chevet de Louis XVI et trois autres dialogues entre Louis XIV et Louis XVI, Louis XIV au manége, *aux Thuileries*, 1790, 29 p. avec gravure, Henri IV, Louis XVI et Marie-Antoinette, 10 pièces in-8. br.

162. — Louis XVI et Antoinette traités comme ils le méritent, 2 parties, Dialogues entre Charles Ier et Louis le dernier, La mort du Veto, Le petit alphabet de la cour, 22 p. Le petit Charles IX ou Médicis justifiée, 16 p. Partie de plaisir de Louis XVI, sur les frontières avortée à Varennes, 29 p. Souvenirs d'un roi de France, 71 p. Bouquets présentés à Louis XVI par Louis Moustache et des braves sans-culottes, Louis Capet à la barre des sans-culottes, etc., 18 pièces in-8. br.

163.* — Agonie et mort héroïque de Louis XVI, 1793. Derniers moments, Lettre historique sur sa mort sublime, Testament, Complaintes, Le 21 janvier, par Chateaubriand et autres, Listes des otages de Louis XVI, La Confédération générale des fidèles et leur réunion au tombeau de Louis XVI, etc., 18 pièces in-8. br.

164. — Procès d'un homme accusé d'avoir été roi, Pétition de grâce et de clémence pour Louis XVI, Incompétence de tout tribunal pour juger Louis XVI, L'ami des lois, Au peuple français, Protestation présentée au peuple, Adresses et appels au peuple, Aux juges de Louis XVI, Philippique dans la cause de Louis XVI, Les cris du malheureux Louis XVI, Romances et complaintes, Français ton roi n'est plus et ses assassins vivent encore, etc., 45 pièces in-8. br.

165. — Mémoire justificatif pour Louis XVI, par Jeudi Dugour, 5 cahiers, Plaidoyer pour Louis XVI, par Lally Tollendal,

Londres 1793. Défenses de Louis XVI, par Desèze, Germain Pichois, Guillaume et autres. Observations, Réflexions, Liste des appels nominaux, etc., 33 pièces in-8. br.

166. — Recueil des pièces justificatives de l'acte énonciatif des crimes de Louis Capet, Pièces justificatives à l'appui du rapport fait au nom de la commission des vingt et un, Pièces trouvées chez Delaporte et différents ministres, Pièces trouvées dans l'armoire de fer, 20 pièces ou vol. in-8. br. Réunion curieuse et importante.

167. — Collection des meilleurs ouvrages qui ont été publiés pour la défense de Louis XVI, rédigée par A. J. du Gour, *Paris* 1793, 2 vol. in-8, port. et figure représentant Louis XVI sur l'échafaud, br.

168. — Histoire du procès de Louis XVI, par J. Cordier, *Paris* 1793, 1 vol. in-8. br.

169. — Le pour et le contre, Recueil des opinions prononcées dans le procès de Louis XVI, *Paris* 1793, 7 vol. in-8. rel. bas.

170. — Éloges et oraisons funèbres, Discours du pape sur la mort de Louis XVI, La mort de Louis XVI, Poëme, L'attentat de Versailles ou la clémence de Louis XVI, tragédie, La mort de Louis XVI, tragédie, La vie de Louis XVI martyr, Notice historique, par Hennequin, Louis XVI et ses défenseurs, Le roi martyr, etc., 18 pièces in-8. br.

171. — Histoire de Louis XVI, avec les anecdotes de son règne, par Bourniseaux, 1830, 4 vol. in-8. br.

172. — Examen impartial de la vie privée et publique de Louis XVI, par le général Danican, 1797, 1 vol. in-8. port. br.

173. — Louis XVI et ses vertus aux prises avec la perversité de son siècle, par l'abbé Proyart, 1819, 5 vol. in-8. br.

174. — Anecdotes du règne de Louis XVI, contenant tout ce qui le concerne, la reine, les ministres, etc., par Nougaret, 1791, 9 vol. in-12. br.

174 *bis*. — Le même ouvrage, 6 vol. in-12. rel.

175. — Correspondance politique et confidentielle de Louis XVI, avec ses frères et plusieurs personnes célèbres pendant les dernières années de son règne, 1803, 2 vol. in-8. br.

176. — Mémoires particuliers formant avec l'ouvrage de Hue et de Cléry l'histoire complète de la captivité de la famille royale à la Tour du Temple, 1817, 77 p. gr. Récit des événements arrivés au Temple depuis le 13 août 1792 jusqu'à la mort de Louis XVII, 1823, 82 p., 1 vol. in-8. d.-rel.

177. — Notes fidèles sur mon service au Temple, depuis le 8 décembre 1792 jusqu'au 26 mars 1793, 1814, 92 p. Six journées passées au Temple, et autres détails sur la famille royale, 1820, 77 p. Mon témoignage sur la détention de Louis XVI à la Tour du Temple, 1825, 71 p., 4 pièces en 1 vol. in-8. d.-rel.

178. — Louis XVI dans son cabinet, Un petit mot à Louis XVI sur les crimes de ses vertus, Bouquet des braves sans-culottes à Louis XVI, Mémoire justificatif par Jeudi du Gour, Défenses, Ses derniers moments, Agonie et mort héroïque, Testament, Éloges divers, etc., 58 pièces in-8. br.

179. — Fac-simile des testaments de Louis XVI et de Marie-Antoinette, avec notice historique, in-4. br.

180. LOUIS XVII, dauphin, fils de Louis XVI.

Six pièces publiées par Eckard, de 1819 à 1835, touchant l'authenticité de la mort de Louis XVII, 1 vol. in-8. d.-rel.

181. — Preuves authentiques de la mort de Louis XVII, 1831, 1re et 2e édit. Procès verbal de l'ouverture du corps du fils de Louis Capet à la Tour du Temple, le 21 prairial an III, signé par les méderins, et imprimé par ordre du comité de sûreté générale, 4 p. Les destinées de la France, 1832, 4 pièces en 1 vol. in-8. d.-rel.

182. — Abrégé de l'histoire des infortunes du dauphin, fils de Louis XVI, *Londres* 1836, 1 vol. in-8, port. fac-sim. br.

183. LOUIS STANISLAS XAVIER DE FRANCE, depuis roi de France sous le nom de Louis XVIII.

Proclamation de Louis XVIII, 1795, Monsieur au Conseil, Louis XVIII tué par les Jacobins, Lettres au duc de Bourbon, à Louis XVI et au prince de Condé, Correspondance avec le duc de Fitz James, le marquis de Favras et le comte d'Artois, Vie secrète et politique, 1790, 40 p. avec portrait, etc., 10 pièces in-8. br. Collection très-difficile à réunir.

184. LOUVET (J. B.), député du Loiret à la Convention, littérateur, membre de l'Institut.

La vérité sur la faction d'Orléans, Paris justifié contre Mounier, Appel des victimes du 31 mai, Accusations contre Rovère et Robespierre, à la Convention et à ses commettants, Discours, Rapports, Opinion, Motion d'ordre, Sentinelle garde à vous, Dussault, Rovère, Louise Robert, frère Paconne, et Loys à Louvet, Quelques notices pour l'histoire et le récit de mes perils depuis le 31 mai 1793, etc., 21 pièces in-8. br.

185. MALOUET (Pierre-Victor), député d'Auvergne à l'Assemblée constituante, ministre, etc., né à Riom.

Mémoires sur l'administration de la marine, 306 p. Mémoire sur l'esclavage des nègres, 156 p. Rapports, Lettres, Motions, Opinions, etc., 16 pièces in-8. br.

186. MALLET DU PAN, publiciste célèbre.

Considérations sur la révolution de France, Correspondance politique, Des principes des factions, etc., 7 pièces in-8. br.

187. MARAT (Jean-Paul), député à la Convention, journaliste, assassiné en 1793.

Recherches physiques sur le feu, *Paris* 1780, 1 vol. in-8. gr. pap. fort, fig. br.

188. — Recherches physiques sur l'électricité, *Paris* 1792, 1 vol. in-8. fig. rel. v.

189. — De l'homme ou du principe et des lois de l'influence de l'âme sur le corps et du corps sur l'âme, *Amsterdam* 1775, 3 vol. in-12. br. Bel exemplaire.

190. — Les charlatans modernes ou lettres sur le charlatanisme académique, *de l'imprimerie de Marat*, 1791, in-8 de 49 p. br.

191. — Les chaînes de l'esclavage, *Paris*, *Havard*, 1833, 1 vol. in-8. port. br.

192. — Plan de législation criminelle, *Paris* 1790, in-8 de 157 p. port. br.

193.	—	Un roman de cœur, précédé d'une notice littéraire, par
	le bibliophile Jacob, *Paris* 1848, 2 vol. in-8. br.
194.	—	Dénonciation faite contre Necker, Nouvelle dénonciation,
	Vie privée et ministérielle de Necker, avec portrait, plus le
	supplément, L'anti-Marat ou défense de Necker, par Le Rou,
	Avis au peuple ou les ministres dévoilés, Le général Mottié
	vendu par ses mouchards, C'en est fait de nous, L'affreux
	réveil, C'est un beau rêve, Gare au réveil, Parisiens réveil-
	lez-vous donc ! Deux relations authentiques de ce qui
	s'est passé à Nancy, Appel à la nation, Lettre de Marat à
	Dejoly, Profession de foi de Marat, Opinion et discours sur
	le jugement de Louis XVI, Prospectus des œuvres politiques
	de Marat, Réponse aux détracteurs de l'ami du peuple, par
	Albertine Marat, Poëme à la louange de Marat, par Doral-
	Cubières, etc., 22 pièces in-8. br.

195.	—	Rapport, Acte d'accusation et appel nominal sur la ques-
	tion de savoir s'il y a lieu à accusation contre Marat, Lettre
	à Marat par Chauveau Lagarde, Fournier l'Américain à Marat,
	La guerre des districts ou la fuite de Marat, poëme héroï-
	comique, *Paris* 1790, 58 p. Pompe funèbre décernée aux
	mânes de Marat, Oraison funèbre de Marat, par Guirault,
	L'ombre plaintive de Marat, Vie privée de Marat, 8 p. Por-
	trait de Marat, par Fabre d'Églantine, Panégyrique de Marat
	prononcé par le docteur Cannibale, *Paris* an III, 70 p.
	Grande dispute au Panthéon entre Marat et J. J. Rousseau,
	15 p. La dépanthéonisation de Marat, Patron des hommes de
	sang, fondée sur ses crimes, par Henriquez, 16 p., en tout
	15 pièces in-8. br.
196.	—	Les crimes de Marat et des autres égorgeurs, par Maton
	de la Varenne, *Paris* 1795, 1 vol. in-18. fig. br.
197.	—	Recherches physiques sur le feu, Les charlatans modernes,
	C'en est fait de nous, Avis au peuple ou les ministres dé-
	voilés, Dénonciations contre Necker, Vie ministérielle et
	privée de Necker, 2 parties avec portrait, Le général Mottié
	vendu par ses mouchards, C'en est fait de nous, Lettre,
	Discours et opinion, Acte d'accusation contre Marat, Rap-
	port de Delaunay sur les délits imputés à Marat, La dépan-
	théonisation de Marat, Patron des hommes de sang et des
	Terroristes, L'ombre plaintive de Marat, etc., 19 pièces in-8.
	br.

198. **MARÉCHAL** (Pierre-Sylvain), philosophe et poëte.
	Fragments d'un poëme moral sur Dieu, 1781, Dieu et les
	prêtres, Fragment d'un poëme philosophique, Catéchisme
	du curé Meslier, 3 pièces in-8. br.
199.	—	Nouvelle légende dorée ou dictionnaire des Saintes, par
	Silv. Maréchal, *Rome, rue des Prêcheurs*, 2 vol. in-18. br.
200.	—	Le Lucrèce français, fragments d'un poëme, an VI, 1 vol.
	in-8. cart. non rogn.
201.	—	La femme abbé, 1801, 1 vol. in-12. gr. br.
202. **MARIE-ANTOINETTE**, reine des Français, décapitée
	en 1793.
	Essais historiques sur la vie de Marie-Antoinette d'Au-
	triche, reine de France, 2 parties, *Londres et Versailles*
	1789, 83 et 146 p. br., ornées de deux curieux portraits de
	Marie-Antoinette.

203.   — Le même ouvrage, 2 parties, un portrait et autres écrits la concernant, 7 pièces in-8. br.

204.   — Mémoire historique des intrigues de la cour et de ce qui s'est passé entre la reine, le comte d'Artois, le cardinal de Rohan, Mme de Polignac, etc., par Rétaux de Villette, *Venise* 1790, in-8 de 75 p. br.

205.   — Les fantoccini français ou les grands comédiens de Marly, intermède héroï-histori-tragi-comique, 46 p. br. Pamphlet contre Marie-Antoinette, L'Assemblée nationale, Le roi Soliveau et sa femme Antoinette, par Labenette, 32 p. La grande maladie de Marie-Antoinette, Sa rage et son désespoir à l'idée terrible de la guillotine qui a puni son mari de ses crimes et qui l'attend au premier jour, 8 p. Le triomphe des républicains sur les tyrans et les adieux de Marie-Antoinette aux Français, chanson, 4 p. Semonce à la reine, 8 p. Bouquet qui a été présenté à Marie-Antoinette, épouse du ci-devant roi, par un sans-culotte (Boussemart), 8 p. Description de la ménagerie royale d'animaux vivants, établie aux Tuileries par Dantalle, 8 p. Interrogatoire de Louis XVI et de Marie-Antoinette, par de Sylva, 8 p. Testament de Marie-Antoinette, fait et rédigé dans son cabinet à Saint-Cloud, 16 p. Semaine sainte de Marie-Antoinette, signé Dandre, 8 p., 50 pièces in-8. br.

206.   — Placet à la reine, par Morizot, 76 p. Lettres et adresse à la reine, La nation à la reine, Catherine de Médicis dans le cabinet de Marie-Antoinette à Saint-Cloud, 8 p. Observations et précis sur le caractère et la conduite de Marie-Antoinette, par la citoyenne Marie-Thérèse, Paris 1793, 46 p. L'empereur Léopold mourant à sa sœur Marie-Antoinette, par Grosley, 1792, in-4, etc., 12 pièces in-8. br.

207.   — Têtes à prix, suivi de la liste de toutes les personnes avec lesquelles la reine a eu des liaisons de débauche, *Paris* 1792, 2 n^{os}, 28 et 23 p. br.

208.   — Les amours de Charlot et Toinette, 1789, pièce en vers, in-8, 8 p. br.

209.   — L'Autrichienne en Goguettes, opéra-proverbe, 1789, 16 p. in-8. br.

210.   — Le Br.... des capucins ou les mille et un tours de Marie-Antoinette, petit opéra aristocratico-comico-risible en deux actes, *a Saint-Cloud* 1791, 24 p. in-8. br.

211.   — Les crimes de Marie-Antoinette, dernière reine de France, pour servir de supplément aux crimes des reines, par Prudhomme, *Paris* an II.

212.   — Sa confession au peuple Franc, Sur ses amours et ses intrigues avec M. de Lafayette, 16 p. in-8. br.

213.   — Confession dernière et testament de Marie-Antoinette, veuve Capet, *Paris, chez la citoyenne Lefebre*, *an II*, in-8. de 28 p. br. Un très-curieux portrait de Marie-Antoinette, coiffée d'un chapeau, au bas duquel se trouve une guillotine et ces mots : *Ah ! ça ira.*

214.   — Procès criminel de Marie-Antoinette de Lorraine, archiduchesse d'Autriche, suivi de son testament et de sa confession dernière, *Paris an II*, in-8 de 116 et 32 p. br. Curieuse gravure représentant Marie-Antoinette sur l'échafaud, avec deux vers au bas.

215. — Procès complet de Marie-Antoinette, reine de France, 11 n^os in-4. br. (Édition du Tribunal révolutionnaire).

216. — Note sur le procès de Marie-Antoinette et de Mme Élisabeth au Tribunal révolutionnaire, par Chauveau Lagarde, 1816, 64 p. Martyre de la reine, le 16 octobre 1793, 67 p. La fausse communion de la reine, soutenue au moyen d'un faux, 1824, 24 p. Mémoire au roi sur l'imposture et le faux matériel de la conciergerie, 1825, 30 p., 4 pièces en 1 vol. in-8. d.-rel.

217. — Abrégé de l'histoire de la captivité de Marie-Antoinette, par de Goesbriand, *Brest* 1818, in-12, de 53 p. (en patois breton), La dernière lettre de Marie-Antoinette avec une notice historique, *Paris* 1854, in-12, avec fac-simile. Récit fidèle et complet de tout ce qui a précédé et suivi la découverte du testament de la reine, par Montjoie, 1816. Oraison funèbre de Marie-Antoinette, par Roullon, 1814. L'orpheline du temple Élégie, par Treneuil, 1814, 6 pièces in-8. et 12 br.

218. — Mémoires sur Marie-Antoinette, depuis sa naissance jusqu'à sa mort, par Mme Simon Viennot, 1842, 2 vol. in-8. br.

219. **MAURY** (Jean Siffrein), député de la Somme à la Constituante, cardinal, membre de l'Académie française, né à Valréas.

Éloge à l'Allemande, Des réflexions sur les sermons nouveaux de Bossuet, 1773. Opinions sur divers sujets, Lettre sur la capture de l'abbé Maury à Péronne, L'assassinat commis par l'abbé Maury sur son élève, Trois messes célébrées par l'abbé Maury, Détail du combat qui a eu lieu au bois de Boulogne entre l'abbé Maury et Mirabeau, Les grandes prédictions d'un petit prophète, par Maury, Les miracles de l'abbé Maury, Le gouffre infernal des aristocrates (Pamphlet contre l'abbé Maury), 32 p., avec une curieuse gravure, Testament de J. F. Maury, Vie privée de l'abbé Maury, Les rivaux, Au cardinalat ou la mort de l'abbé Maury, poëme par Dorat Cubières, 1792, etc., 32 pièces in-8. br.

220. — Esprit, Pensées et maximes de l'abbé Maury, *Paris* 1791, 1 vol. in-8. br.

221. **MIRABEAU** (Gabriel-Riquetti comte de), célèbre député à la Constituante, né au Bignon.

Lettres à ses commettants, Sur Moses Mendelssohn, Sur la réforme des Juifs, Adresses, Discours, Rapports, Mémoires, Dénonciations, Observations, Mes onze ducats d'Amsterdam, etc., 80 pièces in-8. br.

222. — Histoire secrète de la cour de Berlin, par Mirabeau, 1789, 2 vol. in-8. br.

223. — Lettres originales de Mirabeau, écrites du Donjon de Vincennes, pendant les années 1777 à 1780, contenant tous les détails sur sa vie privée, ses malheurs et ses amours avec Sophie Monnier, 1792, 4 vol. in-8. br.

224. — Lettres de Mirabeau à Chamfort, imp. sur les originaux, an V, 1 vol. in-8. br.

225. — Lettres inédites de Mirabeau, Mémoires et extraits, écrits en 1781, 1782 et 1783, publiés par Vitry, 1808, 1 vol. in-8. br.

226. — Les finances ou le pot au feu national du grand Mirabeau, Que fut Mirabeau? Mirabeau jugé par ses amis et

par ses ennemis, Trahison découverte, Le retour de Mirabeau aux Jacobins, Le portefeuille de Mirabeau, Mirabeau dévoilé et renversé, Mirabélique, Orgie et testament, Confession générale, Mirabeau aux enfers, Correspondance avec le diable, Journal de la maladie et de la mort de Mirabeau, par Cabanis, Travail sur l'éducation publique, publié par le même, Mémoires secrets sur sa vie, Oraisons funèbres, Éloges, Précis de la vie ou confession générale, Vie publique avec portrait, etc., 34 pièces in-8. br.

227. — Collection complète de ses travaux, à l'assemblée nationale, précédée de tous ses discours, publiée par Mejean, 1791, 5 vol. in-8. port. br.

228. — Mirabeau peint par lui-même, Recueil de ses discours, *Paris* 1791, 4 vol. in-8. rel. bas.

229. — Esprit de Mirabeau, Extrait de ses ouvrages, 1804, 2 vol. in-8. br.

230. **MIRABEAU** (Boniface-Riquetti vicomte de), surnommé *Mirabeau Tonneau*, député de Limoges aux États-Généraux, colonel de la légion qui porte son nom.

Relation de ce qui s'est passé à Perpignan, Voyage national, 1790, Compte rendu, Lettres, Rapports, Motions, Opinions, Réflexions, Mort subite, Testament et enterrement, Billet de faire part, Le vicomte de Barjoleau ou le souper des noirs, comédie en 2 actes, etc., 27 pièces in-8. br.

231. **MIRANDA** (don Francisco de), général au service de la République.

Correspondance avec Dumouriez, 132 p. Miranda à ses concitoyens et à la représentation nationale, Lettres, Interrogatoire de Miranda, etc., 7 pièces in-8. br., plus son jugement et celui du général Miaczinski, Édition du Tribunal révolutionnaire, 10 n°⁸ in-4. br.

232. **MONTESQUIOU** (Anne-Pierre marquis de), général en chef de l'armée des Alpes.

Mémoire justificatif, Coup d'œil sur la Révolution française, *Genève* 1795, 200 p. Discours, Lettres, Correspondance avec le ministre Clavière, avec supplément, Dubois Crancé à Montesquiou, etc., 10 pièces in-8 et in-4. br.

233. **MONTESQUIOU** (l'abbé François-Xavier-Marc-Antoine duc de), député à la Constituante, puis ministre sous Louis XVIII.

Rapports, Mémoires sur les finances et les assignats, etc., 6 pièces in-8 et in-4. br.

234. **MONT-GILBERT** (François-Agnès), député de Saône-et-Loire à la Convention.

Avis au peuple sur sa liberté, 2 parties des Jacobins et des sociétés populaires, Motion et opinion sur le jugement de Louis XVI, 6 pièces in-8. br.

235. **MORELLET** (André), littérateur, de l'Académie française, né à Lyon.

La cause des pères, avec supplément, Le cri des familles, Observations sur la loi des otages, etc., 9 pièces in-8. br.

236. **MOTTE** (Jeanne de Saint-Remi de Valois comtesse de la),

connue par le rôle qu'elle a joué dans l'affaire du Collier, née en Champagne.

Réponse à Cagliostro, Affaire du Collier, Observations de P. Tranquille sur le premier mémoire, Mémoire de l'avocat Doillot pour Mme de la Motte, Mémoires justificatifs, *Londres* 1789, 258 p. Second mémoire avec figure, représentant Marie-Antoinette et le cardinal de Rohan, Avis au public, Sur le retard apporté à la publication de ses mémoires, Histoire véritable de la comtesse de la Motte, 1786, 72 p., 7 pièces in-8 et in-4. br.

237. — Vie et aventures de la comtesse de Valois de la Motte, écrites par elle-même avec le supplément, Londres 1793, 2 vol. in-12. br., non coupés, avec six figures et deux portraits dont un très-joli de Marie-Antoinette. Très-bel exemplaire d'une édition fort rare.

238. — Vie de Jeanne de Saint-Remy de Valois de la Motte, avec notes sur l'affaire du Collier, *Paris, Gannery*. an 1er, 2 vol. in-8. br.

239. **MOUNIER** (Jean-Joseph), député du Dauphiné aux États-Généraux, né à Grenoble.

Réflexions politiques, Exposé de sa conduite et des motifs de son retour en Dauphiné, Rapports, etc., 8 pièces in-8. br.

240. — Nouvelles observations sur les États-Généraux, 1789. Appel au tribunal de l'opinion publique. 2 vol. in-8. br.

241. **MURAT** (Joachim, roi de Naples.

Son histoire, par Léonard Gallois, 1 vol. in-8. Le titre troué, Sur la catastrophe de Murat, par L. Gallois, 1823. Mémoire sur les événements qui ont précédé la mort de Murat, par le général Franceschetti, 1826. Catastrophe de Murat, par A. de Beauchamp, 1815. 4 vol. ou pièces in-8. br.

242. **NAPOLÉON Ier.**

Napoléon à Sainte-Hélène, par Héreau, Mémoires de Las-Cases, 1819. Maximes et pensées du prisonnier de Sainte-Hélène, le 5 mai 1821. Relation exacte de la mort de Napoléon, Figure, et autres documents relatifs à sa mort, 26 pièces in-8. br.

243. — Histoire du consulat de Bonaparte, contenant la révolution du 18 brumaire, etc., par Pagès, 1803, 3 vol. in-8. rel.

244. — Relation du capitaine Maitland sur l'embarquement et le séjour de Napoléon sur le *Bellérophon*, traduit de l'anglais par Pariset, 1826. Réfutation de la relation du capitaine Maitland, par Barbe, 1827, ens. 2 vol. in-8. br.

245. — Jugement impartial sur Napoléon, par Azaïs, 1820. Opinions de Napoléon sur la politique et l'administration, 1833. Biographie des contemporains, par Napoléon, 1824, 3 vol. in-8. br.

246. **NECKER** (Jacques), contrôleur-général des finances.

Le masque brisé ou examen des erreurs de Necker, Le roi Necker, Le géant devenu Pygmée ou Necker au grand jour, Les conspirateurs démasqués, Grand voyage national de Necker, Portraits à la Turque de M. Necker, Necker jugé par le tribunal de la Lanterne, avec figure, Lettre à Necker sur son administration, suivie d'Aiglonette et insinuante conte, 1791. L'Astuce dévoilée par Rutledge, avec portrait, Le rocher de la nation découvert par Necker, Confession de Necker, Dénonciations contre Necker, par Rutlège et Lambert, Vie privée et ministérielle de Necker, par Marat, avec supplément, figure et portrait, Nouvelle dénonciation de Marat contre Necker, ces trois pièces déreliées, etc., etc., 70 pièces in-8. br.

247. **ORLÉANS** (Louis-Philippe-Joseph duc d'), dit *Égalité*, prince du sang, député à la Convention, décapité en l'an II.

Instruction à ses représentants aux bailliages, 67 p. Réponse aux instructions, 1789, 22 p. Mémoire présenté au roi, 1787, 22 p. Lettre à l'Assemblée nationale, 1790, 4 p. L'heureux retour, 15 p. Mémoire à consulter et consultation pour le duc d'Orléans, 79 p. in-8. Exposé de la conduite du duc d'Orléans dans la Révolution de France, 28 p. Louis-Philippe d'Orléans, père de la patrie, 1790, 8 p. Lettre à Philippe d'Orléans, par le comte de Tilly, 1790, 7 p. Le portefeuille de L. Ph. d'Orléans trouvé dans la poche de Lafayette, par Labenette, 1791, 35 p. in-8, avec figure. Réponse aux ennemis du duc d'Orléans, 7 p. Voidel à ses concitoyens sur l'affaire de d'Orléans, 8 p., en tout 42 pièces in-8. br.

248. — Où vous mène donc la faction orléano-anglaise? par Laborne, 16 p. L'écouteur ou une soirée au palais de Philippe, à Cocopolis an III, 17 p. Adieux de L. Ph. J. d'Orléans à la ville de Paris, 16 p. Entrevue du duc d'Orléans avec le marquis de Lafayette, 1790, pièce en vers, 15 p. Grande dénonciation du duc d'Orléans et de ses complices, 38 p. Intrigues secrètes du duc d'Orléans dans sa résidence actuelle en Angleterre, 14 p. Philippe d'Orléans traité comme il le mérite, par Bavoux, 14 p. Le sieur d'Orléans tout entier, 8 p. L'assassinat de la la famille royale, plan présenté à M. le duc d'Orléans, 8 p. Au régicide d'Orléans, 4 p. Non d'Orléans, tu ne régneras pas, 8 p. Il y a lieu à accusation contre le duc d'Orléans, 1790, 16 p. Il arrive le B...reau, 9 p. La vérité sur la faction d'Orléans, par J. B. Louvet, 1793, 55 p. Circulaire de la société des Jacobins contre la faction d'Orléans, 1792, 22 p. Bulletin du Tribunal révolutionnaire de Marseille, Acte d'accusation de L. Ph. J. d'Orléans, 8 p. Lettre de L. Ph. J. Egalité ci-devant d'Orléans, envoyée hier à Paris, 8 p., en tout 17 pièces in-8. br.

248*bis*. — Réfutation de l'exposé de la conduite du duc d'Orléans, 1790, 17 p. Grand triomphe du duc d'Orléans ou examen de son exposé de conduite, 21 p. Louis d'Orléans mal conseillé, réponse au mémoire à consulter, 1790, 32 p. Lettre du duc d'Orléans ou chevalier de Laclos, 7 p. Réponse de M. de Laclos, 1790, 16 p. La cabale d'Orléans ressuscitée et dévoilée, 8 p. Lettre du sieur Forsch, agent du ci-devant duc d'Orléans, 7 p. Scandales du duc d'Orléans, 21 p. La faction d'Orléans mieux dévoilée, 1790, 8 p. Grande motion de M. de Chartres en faveur des artistes, peintres, sculpteurs et graveurs de Paris, 12 p. Éclaircissements sur la prétendue mission du duc d'Orléans, 1789, 15 p. Triomphe de Louis-Philippe d'Orléans, 4 p. Réponse au mémoire de

L. Ph. J^h d'Orléans, 20 p. État nominatif des créanciers de L. Ph. J^h, prince français, avec l'acte notarié, 39 p. in-fol. État de situation de M. L. Ph. J^h, prince français, et projet de libération et d'union qu'il propose à ses créanciers, 16 p. in-4, en tout 19 pièces in-8, in-fol. et in-4. br.

249. — La vie privée ou apologie du très-sérénissime prince Mgr le duc de Chartres, *à cent lieues de la Bastille*, 1784, in-8, 98 p. br.

250. — Vie de Louis-Philippe-Joseph duc d'Orléans, *Londres* 1789, in-8, port., 94 p. br.

251. — Vie de L. P. J. Capet, ci-devant duc d'Orléans, *Paris, an II*, in-8, portrait avec ces mots : *Infidèle aux tyrans et traître à sa patrie*. 56 p. br.

252. — Histoire de la conjuration de Louis-Philippe, Jos. d'Orléans, surnommé Égalité, 1834, 3 vol. in-8. br.

253. **PAYNE** (Thomas), député du Pas-de-Calais à la Convention.

Le sens commun, La crise américaine, Sermons civiques, Opinions sur le jugement de Louis XVI, etc., 8 pièces in-8. br.

254. — Droits de l'homme, *Paris* 1791-1792, 2 parties. Recueil de divers écrits du même, *Paris* 1793, 3 vol. in-8. port. br.

255. **PÉTION** (Jérôme), député d'Eure-et-Loir à la Convention, maire de Paris, né à Chartres, proscrit au 31 mai 1793, et trouvé mort près de Saint-Émilion.

Compte rendu à ses concitoyens, Règles de sa conduite, Lettres à ses commettants, Aux Parisiens et à la Convention, Lettres et réponse à Dupont et à Robespierre, Opinions et discours sur différents sujets, Proclamation du roi et recueil de pièces concernant Pétion, Pétitions, Observations, Vie politique de Jérôme Pétion, 31 p. rognée, 25 pièces in-8. br.

256. **PETIT** (Michel-Edme), député de l'Aisne à la Convention.

Constitution, Adresse aux Français, Le procès des 31 mai et 2 juin 1793, Opinions, etc., 5 pièces in-8. br.

257. **PHILIPPEAUX** (Pierre), député de la Sarthe à la Convention, né à Ferrières, décapité en l'an II.

Catéchisme moral et religieux, *Nantes* 1793, Philippeaux jugé par lui-même 1792, 15 p. Philippeaux au comité de salut public, Aux amis de la justice et de la vérité, A ses collègues et à ses concitoyens, 3 pièces, de l'an II. Projet de loi, Discours à la Convention, Rapport, Opinions sur la formation du tribunal révolutionnaire et sur le jugement de Louis XVI, Motion d'ordre, Compte rendu sur la mission dans les départements du Centre et de l'Ouest, 4 parties. Réponse à tous les défenseurs officieux des bourreaux de nos frères dans la Vendée, an III, 96 p. Réponse à Philippeaux par Levasseur de la Sarthe, D'Aubigny à Philippeaux, an II, 76 pages, en tout 16 pièces in-8. br. Collection extrêmement curieuse.

258. — Compte rendu à la Convention sur sa mission dans l'Ouest, 4 parties. Opinions et discours, Philippeaux à ses collègues, à la Convention et à tous les défenseurs officieux des bourreaux de nos frères dans la Vendée, etc., 11 pièces in-8. br.

259. POLIGNAC (Gabrielle de POLASTRON, duchesse de), amie de Marie-Antoinette.

Conférence avec Mme de La Motte au parc Saint-James, Lettre, Entretien avec M. Necker et l'abbé de Vermond, Le boudoir de Mme la duchesse de Polignac, Maladie, Remède, Agonie, La dernière ressource, Confession et repentir, Adieux aux Français, Testament, Révolution arrivée dans l'île de Corse, Mort de la ci-devant duchesse de Polignac, etc., 13 pièces in-8. br.

260. — Les intrigues du cabinet de la duchesse de Polignac, Pièce curieuse calquée sur la narration d'un valet de chambre de cette duchesse, 1790, in-8. de 32 p. br.

261. POULTIER (François), député du Nord à la Convention, né à Montreuil-sur-Mer.

Constitution populaire, Affaires des généraux Anselme et Chazot, Grande dénonciation contre tout le monde, ou Lettre au révérend père Arlequin Poultier, etc., 9 pièces in-8. br.

262. RABAUT SAINT-ETIENNE (J. P.), député de l'Aube à la Convention, né à Nîmes, décapité en l'an II.

Projet d'éducation nationale, Opinion, Motion, Lettre, Nouveau pot-pourri national, dédié à Rabaut, Précis tracé par lui comme membre de la Commission des douze, etc., 9 pièces in-8. br.

263. ROBESPIERRE (Maximilien), député à la Convention, né à Arras, décapité en l'an II.

Discours couronné par la Société des arts et des sciences de Metz, *Paris, Merigot*, 1785, in-8 de 60 p.

264. — Éloge de Gresset, Discours qui a concouru pour le prix proposé par l'Académie d'Amiens en 1785. *Paris, Royez*, 1786, in-8. br.

265. — Adresse aux Français, 1791, 59 p. 2 opinions, 6 rapports, 49 discours sur différents sujets, Réponse à une lettre de Lambert, contrôleur général des finances, 7 p. Réponse à M. de Beaumets, 19 p. Réponses à Brissot et à Louvet, Projet de décret sur l'éducation publique, Déclaration des droits de l'homme et du citoyen, Prospectus du défenseur de la Constitution, 4 p. Plan d'éducation nationale de M^d Lepeletier, présenté à la Convention, 52 p. Projet rédigé par Robespierre du rapport fait à la Convention par Saint-Just contre Danton, Desmoulins et autres, *Paris* 1841, avec fac-simile, L'intrigue dévoilée ou Robespierre vengé des outrages et des calomnies des ambitieux (par Delacroix), 1792, 23 p., en tout 38 pièces in-8. br.

266. — Rapport fait au Comité de salut public sur les idées religieuses, orné d'un portrait et de deux jolies gravures dessinées et gravées par Queverdo, Paris, an II. 1 vol. in-18 br.

267. — Tyrannie de Robespierre dans le département de la Haute-Loire, an III, in-8 de 27 p. br.

268. — Accusation intentée contre Robespierre, par J. B. Louvet, an III. Discours de Pétion sur l'accusation intentée contre Robespierre, Observations et réponses de Pétion sur la lettre de Robespierre, Réponse de Guadet, Robespierre aux frères et amis, et Camille Jordan aux fils légitimes de la monarchie et de l'Église, par Pasteur, La vérité, ou J. J. Rousseau

montrant à Robespierre le livre des destins, Taschereau-Fargues à Max. Robespierre aux Enfers, an III, 8 pièces in-8. br.

269. — La queue de Robespierre, par Méhée fils, 7 p. Le front de Robespierre et de sa clique, 8 p. Réponse à la queue de Robespierre, 8 p. Coupons-lui la queue, par Baralere, 7 p. Défends ta queue, par Méhée, 8 p. Rendez-moi ma queue, 16 p. Rendez-moi ma queue, ou Lettre de Robespierre à la Convention, 7 p. La tête à la queue ou première lettre de Robespierre à ses continuateurs, 30 p. Proclamation de Robespierre à ses amis, 4 p. Coupez-moi la queue ou la chanson des Carmagnoles, en vers, 3 p. Ode à la calomnie en réponse à la queue de Robespierre, 8 p. La nouvelle montagne en vaudevilles, ou Robespierre en plusieurs volumes, par Martainville, 15 p. La chute de Robespierre et complices, Ode à la Convention nationale, par Déjean, 4 p. La Carmagnole des Robespierristes, par Baillio, 4 p. Capet et Robespierre, par Merlin de Thionville, 8 p. Portrait de Robespierre, par le même, 16 p. Les parties honteuses de Robespierre restées aux Jacobins, par Lamberti, 16 p. Les douze épitaphes des douze apôtres de Robespierre, par Julien, 8 p. La dictature renversée, ou Robespierre et sa clique traités comme ils le méritent, par Félix, 15 p. Testament de Robespierre trouvé à la maison commune, 8 p. Véritable portrait de Catilina Robespierre, tiré d'après nature, 8 p., en tout 20 pièces in-8. br.

270. — Histoire de la conjuration de Maximilien Robespierre, *Paris, chez les marchands de nouveautés*, 1795, in-8 de 220 p. br.

271. — Précis exact de toutes les persécutions endurées par plus de six mille patriotes incarcérés et mis dans les plus noirs cachots des prisons de Paris, sous les ordres de Robespierre, *Paris*, an II, in-8. 16 p. br.

272. — Vie secrète politique et curieuse de M. J. Maximilien Robespierre, *Paris, Prévost, an II*, in-8 de 35 p. br. avec un curieux portrait sur bois représentant la tête de Robespierre tenue par la main du bourreau.

273. — Précis historique de la vie, des crimes et du supplice de Robespierre, par Desessarts, 1797, 1 vol. in-12 port. Histoire de la conjuration de Robespierre, par Montjoie, 1801, 2 vol. in-18. avec port., représentant Robespierre pressant un cœur pour en faire couler le sang. Les nuits de la conciergerie, 1795, fig. Mémoires d'un détenu, an III, in-18, ensemble 5 vol. br.

274. — Rapports, Discours, Adresses et autres écrits, 25 pièces. Rapport de Courtois avec la suite, Pièces trouvées dans les papiers de Robespierre, Conjuration contre Robespierre, par Lecointre, Son portrait par Merlin de Thionville, le 9 thermidor, Drame historique, Testament de Robespierre, Capet et Robespierre, et autres pamphlets, 51 pièces, et 1 vol. br.

275. — ROBESPIERRE et la journée du 9 thermidor an II. Rapport fait au nom de la commission chargée de l'examen des papiers trouvés chez Robespierre, par Courtois, *Paris*, an III, Ma Catilinaire ou suite de mon rapport, par le même, *Paris*, an III. 26 p. Rapport sur les événements du 9 thermi-

dor, par le même, *Paris, an IV*, 220 p. 2 vol. et une pièce in-8. br.

276. — Robespierre peint par lui-même, et conjuration formée contre Robespierre, par Laurent Lecointre. Supplément à l'accusation de Lecointre, Pièce trouvée dans les papiers de Robespierre, Observations sur le caractère, la politique et la conduite de Robespierre, le dernier tyran, L'agonie de Saint-Lazare, par Dusaulchoy, Trois rapports de Barère sur le 9 thermidor, Pièces trouvées dans les papiers de Robespierre et complices, Affaire Chabot, Relation de l'événement du 9 thermidor, Le 9 thermidor ou la mort de Robespierre, Drame historique, par H. Bonnias, 1831, etc., 47 pièces in-8. br.

277. — Précis historique des événements qui se sont passés dans la soirée du 9 thermidor, par Méda, ancien gendarme commandant de l'expédition contre la commune de Paris avec une notice sur la vie de l'auteur et son portrait, *Paris* 1825, in-8 de 64 p. br.

278. **ROEDERER** (Le comte Pierre-Louis), député de Metz à la Constituante, ministre, sénateur, etc., né à Metz.

P. L. Roederer à la Société des amis de la Constitution de Metz, 56 p. De la philosophie moderne, an VIII, Du gouvernement, Discours, Lettres, Des fugitifs français et des émigrés, Observations, Réflexions, Adresse aux constitutionnels, 1835. Mémoires sur quelques points d'économie politique, *Paris, Didot*, 1840, in-8 de 167 p., etc., 14 pièces in-8. br.

279. **ROLAND** (J. Marie), ministre de l'intérieur, né près de Lyon, il se suicida en apprenant la mort de sa femme.

Comptes rendus, Compte moral, Lettres, Rapports, Lettres intéressantes pour servir à l'histoire du ministère Roland, 1792, 143 p. Correspondance avec Lafayette, 22 p. Roland aux sociétés populaires, Lettre de Junius à Roland de la Platière, 1792, 11 p. Rapport de Brival sur les papiers trouvés chez Roland, Observations sur le rapport précédent, etc., 28 pièces in-8 et in-4. br.

280. **ROLAND** (Manon-Jeanne Philippon, femme), décapitée en 1793.

Appel à l'impartiale postérité, par la citoyenne Roland, première édition publiée par Bose, Paris, Louvet, 4 parties in-8. br. Copie littérale prise sur la minute du style et de la main de Mme Roland, Paris, an III, 15 p. br.

281. **ROUSSEAU** (J. J.), écrivain-philosophe.

J. J. Rousseau des Champs-Élysées à la nation française, L'assemblée nationale convaincue d'erreur, par J. J. Rousseau, Voyage à Ermenonville, Fête champêtre célébrée en son honneur, 1791, etc., 7 pièces in-8. br.

282. **SAINT-JUST** (Louis-Antoine de), célèbre député à la Convention, né à Decize, décapité avec Robespierre.

Discours sur la Constitution de France et essais de Constitution, Autres discours, Rapports et opinions, Tyrannie exercée à Strasbourg par Saint-Just et Lebas, 31 p. Observations sur le rapport de trente-deux proscrits, Caen 1793, 32 p. Pièce très-violente contre Saint-Just, 14 pièces in-8. br.

283. — Fragments sur les institutions républicaines, ouvrage
posthume de Saint-Just, *Paris, Fayolle,* 88 p. in-8. br.
284. — Le même ouvrage précédé d'une notice par Ch. Nodier,
Paris 1831, in-8 de 80 p. br.
285. — OEuvres de Saint-Just, député à la Convention, 1834,
1 vol. in-8. br., devenu rare.
286. **SALADIN** (J. B.), député de la Somme à la Convention.
Rapport sur les dénonciations faites contre Duport, Compte
rendu et déclaration sur les journées des 27 et 31 mai 1793,
Réponse de Saladin à Louvet, 2 pièces, Saladin sur le décret
du 21 août qui le met en état d'arrestation, Rapport au nom
de la commission des 21, an III, 261 p. Observations de
Barère sur le rapport de Saladin, 7 numéros, etc., 13 pièces
in-8. br.
287. **SALLE,** député de la Meurthe à la Convention, décapité
à Bordeaux en l'an II.
Recherches sur la faction d'Orléans, Déclarations, Observations, Salle à Dubois de Crancé, à Goffroy, aux calomnies prononcées contre lui, Lettre au citoyen Biéquilley,
Examen critique de la Constitution de 1793, Opinion sur
les événements du 21 juin, 10 pièces in-8. br.
288. **SIEYES** (le comte Em¹ Joseph), membre de la Convention, du directoire et du Sénat, né à Fréjus.
Qu'est-ce que le tiers-état, 1ʳᵉ édit., 1789, 127 p. Essai
sur les privilèges, 1789, 54 p. Dire sur la question du veto
royal, 1789, 32 p. Préliminaire de la Constitution, 1789, 21 p.
Opinion sur les édifices religieux et la liberté des cultes,
1791, 23 p. Motion du 10 juin 1789, 8 p. Projet d'un décret
provisoire sur le clergé, 1790, 40 p. Aperçu d'une nouvelle organisation de la justice et de la police en France,
1790, 62 p. Quelques idées de Constitution applicables à la
ville de Paris, 1789, 39 p. Rapport du 1ᵉʳ germinal an III,
14 p. Lettre d'un Espagnol à l'abbé Sièyes sur le pacte de
famille, 1790, 17 p. Première lettre anonyme au citoyen
Sièyes, membre du Directoire, 16 p. Théorie constitutionnelle de Sièyes, Constitution de l'an VIII, Extrait des mémoires inédits de Boulay de la Meurthe, 1836. Notice sur la
vie de Sièyes, *Paris, Maradan,* an III, 66 p., etc., 20 pièces
in-8. br.
289. **STAEL** (Anne-Louise-Germaine Necker, baronne de),
femme célèbre.
Réflexions sur la paix, adressées à M. Pitt, 1795, Lettre
à Mᵐᵉ de Staël au sujet de ses réflexions, Les intrigues de
Mᵐᵉ de Staël à l'occasion du départ de Mᵐᵉˢ de France, Comédie en 3 actes, 3 pièces in-8. br.
290. **SULEAU,** avocat et journaliste, né en Picardie, massacré
le 10 août 1792.
Un petit mot à Louis XVI, Nouvelle conspiration de Suleau,
Premiers interrogatoires, Les Pâques, Le réveil, Dialogue,
Lettre, Le voyage en l'air, à *Balonnapolis,* 190 p. 8 pièces
in-8. br.
291. **TALLEYRAND** (Alex. Angélique de), évêque d'Autun,
célèbre diplomate.
Opinions, Motions, Observations, Propositions, Lettres,

Des loteries, Dialogue entre l'évêque d'Autun et l'abbé Maury, La vérité à l'évêque d'Autun, Sa confession, Précis de la vie du prélat d'Autun, *Paris 1790*, etc., 32 pièces in-8. br.

292. **TALLIEN** (Jean Lambert), député de Seine-et-Oise à la Convention, journaliste, etc.

Rapports sur les troubles arrivés à Lyon, et sur la défaite des émigrés à Quiberon, Discours, Tallien livré à la censure, Tallien à ses collègues, acte d'accusation contre Tallien, etc., 10 pièces in-8. br.

293. **TARGET** (Guy J. B.), célèbre avocat, député à la Constituante.

Bulletin des couches de Target, 5 numéros, Relevailles, Mort, Testament, Enterrement et levée des scellés, Apothéose, Inventaire des papiers de Target, Naissance de dame Constitution, Comédie avec figure, La Targétade, tragédie un peu burlesque, etc., 15 pièces in-8. br.

294. **THIBAUDEAU** (Antoine-Claire), député de la Vienne à la Convention, pair de France, historien, etc.

Rapports, Discours, Opinions et autres écrits, 12 pièces in-8. br.

295. **VADIER** (Marc Guil. Alexis), député de l'Ariége à la Convention.

Rapport, Opinion, Vadier à ses collègues, Réponse à la dernière caricature de Darmaing, Dénonciation de ce dernier contre Vadier, 5 pièces. Grande dénonciation contre Vadier, par Marat, Extrait de soixante ans de vertus, ou Lettres écrites par Vadier à son ami Fouquier Tinville, 11 pièces in-8. br.

296. — Rapport sur la secte de Catherine Théos, Dénonciation contre Vadier, par Darmaing, avec pièces justificatives, Réponse de Vadier aux accusations de Darmaing, Réponse aux accusations de Lecointre, Grande dénonciation contre Vadier le royaliste, par Marat, Juste courroux du peuple contre Vadier, etc., 7 pièces in-8. br.

297. **VALAZE** (Charles-Éléonore-Dufriche), député de l'Orne à la Convention, né à Alençon, condamné à mort avec les Girondins, il se poignarda pour éviter l'échafaud.

Rapport et opinion sur le jugement de Louis XVI, Rapport sur les assemblées primaires, Sa défense imprimée d'après son manuscrit trouvé dans la fente du mur de son cachot, *Paris, Ve Gorsas, an III*, 80 p. 4 pièces in-8. br.

298. **VERGNIAUD** (Pierre-Victurnien), député de la Gironde à la Convention, né à Limoges, décapité en 1793.

Réponses aux calomnies de Robespierre, Vergniaud à Barère, Opinion, 4 pièces in-8. br.

299. **VILATE** (Joachim dit *Sempronius Gracchus*), ex-juré au tribunal révolutionnaire de Paris, né à Allun (Creuse), décapité avec Fouquier Tinville.

Causes secrètes de la révolution du 9 au 10 thermidor, avec continuation et les mystères de la mère de Dieu dévoilée, *Paris, an III*, 3 parties in-8. br.

— 34 —

300. VOLTAIRE (F^{ois} Marie-Arouet de), le plus grand génie littéraire dont s'honore la France.

Translation de Voltaire à Paris, La grande apothéose, Éloge véridique de Voltaire, Voltaire triomphant ou les prêtres déçus, Drame, 6 pièces in-8. br.

———

301. Adresses à l'Assemblée nationale, à la Convention, aux Parisiens, au peuple français, Adresses des sections, etc., 126 pièces in-8. br.

302. Armée et la garde nationale (Écrits divers sur l') de 1789 à 1793, 40 pièces in-8. br.

303. Composition de l'armée en 1793, infanterie et cavalerie, son organisation et ses différents services, 7 vol. et 30 cahiers in-4. br.

304. Aristocrates (Recueil de pamphlets sur les). Le petit aristocrate, Horrible conspiration des aristocrates contre la nation, La rage des aristocrates, La mort civile des aristocrates, Prières pour les aristocrates agonisants, avec l'office des morts et les litanies de la lanterne, 1790, Figure, Petit carême, Derniers soupirs de l'aristocratie avec figure coloriée, Étrennes à la vérité ou Almanach des aristocrates, avec 2 gravures, 1790, etc., 26 pièces in-8. br.

305. Almanach de Coblentz. *Paris* 1792, 1 vol. in-18. br. avec portraits de Louis XVI, Marie-Antoinette et Louis XVII.

306. Almanach des aristocrates, *Rome*, an III, 1 vol. in-18, 2 figures. br.

307. Almanach des bizarreries humaines, ou Recueil d'anecdotes sur la révolution, *Paris* 1796, 1 vol. in-18. br.

308. Almanach des émigrants, *à Coblentz de l'imprimerie des princes*, 1792, 1 vol. in-18. figure. br.

309. Almanach du père Gérard, par Collot d'Herbois, 1792, 1 vol. in-12. br. 12 gr. Entretiens de la mère Gérard, 1792, in-12 de 82 p. br. Almanach historique et critique des députés à l'Assemblée législative pour 1792. *Coblentz*, in-12 de 158 p. br. Aventures du père Nicaise, 1793, in-18. Catéchisme du citoyen, in-18, 5 vol. br.

310. Almanach du père Gérard, pour l'année 1792, par Collot d'Herbois, 4 gr. Almanach de l'abbé Maury, *Coblentz*. Le bon ménage républicain ou les époux assortis, pièce patriotico-républico-maniaque, *à Manuelopolis* 1793, 2 gr. L'A. B. C. national, dédié aux républicains, par un royaliste, 1793, 4 vol. in-32. gr. br.

311. Almanach des muses, de 1788 à 1800, 13 vol., une grav. en tête de chaq. vol. Almanach littéraire ou Étrennes d'Apollon, 1789 à 1793, 5 vol. fig. br. Les repentirs de l'année 1788, 1 vol., en tout 19 vol. in-18 br.

312. Almanachs et petits écrits divers, environ 25 vol. in-18. br. et rel. Plusieurs vies de Louis XVI. Bailly, etc.

313. L'ami du roi, almanach des honnêtes gens, *Paris, chez l'apothicaire de la démocratie*, in-18 de 108 p. br. avec les portraits de Louis XVI, Louis XVII et Marie-Antoinette.

314. Le croquis des croqueurs ou almanach Croustillant à *Croque-Marmot*, 1790, in-18 de 72 p. br.

315. Les lubies d'un aristocrate, almanach nouveau pour 1792, *Paris*, 1 vol. in-18, fig. br.

316. Portefeuille d'un émigré, almanach un peu philosophique, *Paris*, 1 vol. in-18. br.

317. La gaîté patriotique ou Choix de bons mots et facéties ingénieuses occasionnés par la Révolution de France, 1790, 1 vol. in-18 br.

318. Le guide du républicain ou le Républicain converti, an III, gr. Civilité républicaine à l'usage des jeunes citoyens des deux sexes, etc., 1 vol. de 84 p. Manuel des amis de la Constitution, 1791, fig. Manuel du citoyen, 1791. Du républicain, an II. Almanach du peuple, 1792. Almanach des patriotes, 1790. Almanach des Français, an II. Loi naturelle, 9 vol. in-18. br.

319. La Révolution en vaudeville, Coblentz 1792. Les bienfaits de l'Assemblée nationale ou Entretiens de la mère Saumon, doyenne de la halle, 1792. La Constitution en vaudevilles, par Marchant, 1792. Folies nationales pour servir de suite à la Constitution en vaudevilles, 1792. La Constitution française en chansons, 1792. La république en vaudevilles, 1793. La constitution des amants, pour le bonheur des amants, 1793, ensemble 7 vol. in-32. br. Chacun de ces petits volumes, d'une conservation parfaite, est orné d'une caricature.

320. Étrennes en vaudevilles législatifs, *Paris* 1793, 1 vol. in-18, fig. br.

321. Étrennes aux amateurs du bon vieux temps ou le Mathieu Laensberg anti-jacobite, 1795. Bulletin de l'Assemblée nationale, pot-pourri, 1792. Almanach sans titre, *De l'imp. des échappés aux massacres des 3, 4, 5 et 6 septembre rue de la Tuanderie*. La Saint-Laurent ou la Journée du 10 août, 1792 (chansons). Les actes des Apôtres, étrennes aristocratiques. L'au des jurés et des jureurs, pot-pourri alphabétique, 1792. Principes et fin de toute société ou Droit des animaux, 1793, 96 p., 2 grav., 7 vol. in-32. br. Curiosités révolutionnaires des plus rares.

322. Mes étrennes aux douze cents, 1791. Almanach des honnêtes gens, 1793-1797. Almanach de la Convention, an III. Almanach historique et révolutionnaire, an III. Almanach des aristocrates. Almanach des gens de bien,

1795-1797. Almanach des bizarreries humaines, an V. Histoire secrète du 10 août 1792, 11 vol. in-18, fig. br.

323. BASTILLE. La Bastille dévoilée ou Recueil de pièces authentiques pour servir à son histoire, 1789-1790, 9 livraisons, ouvrage complet, plus 15 pièces relatives à la Bastille, le tout réuni en 3 vol. in-8, d.-rel. bas.

324. — Le donjon de Vincennes, la Bastille et Bicêtre, ou Mémoires de Masers de Latude, gentilhomme languedocien, etc., 1787, in-8 de 139 p. Mémoire adressé à la marquise de Pompadour, par Danry (Latude), *Paris* 1789, 107 p. Mémoire de Latude, *Paris* 1789, 31 p. Le despotisme dévoilé ou Mémoires de Latude, par Thierry, avocat, *Paris* 1790, 3 vol. in-12, en tout 6 pièces in-8 et in-12. br.

325. — Remarques et anecdotes sur le château de la Bastille, *Paris* 1789, 2 grav. Attaque, défense et reddition de la Bastille, Apologie de la Bastille, par Linguet, 1784, pap. fort, La Bastille au diable. Les oubliettes retrouvées dans les souterrains de la Bastille. Le héros de la Bastille ou le brave Elie récompensé, Journée de J. B. Humbert, horloger, 1789. Le comte de Lorges, prisonnier à la Bastille pendant 32 ans, grand plaidoyer au tribunal de police par les vainqueurs de la Bastille contre les mouchards, 1791, 87 p., etc., 25 pièces in-8. br.

326. — Remarques historiques sur la Bastille, sa démolition et la Révolution de juillet 1789, *Londres* 1789, 1 vol. in-8, fig. br.

327. — Mémoires historiques et authentiques sur la Bastille, dans une suite de trois cents emprisonnements, depuis 1475 jusqu'à nos jours, *Londres* et *Paris* 1789, 3 vol. in-8, avec une grav. br.

328. Catéchisme du genre humain, *Paris* 1792, 1 vol. in-8. br.

329. Catéchismes national, patriotique, politique, des trois ordres, républicain, de la Constitution, du citoyen, etc., 11 pièces in-8. br.

330. Le chansonnier patriote, *Paris* 1792, 1 vol. in-18, avec fig. br.

331. Le nouveau chansonnier patriote, dédié aux martyrs de la Révolution, par Dorat Cubières, *Lille*, an II, 1 vol. in-18. br., avec les portraits de Marat et Lepeletier.

332. Le chansonnier de la montagne, *Paris*, an III, 1 vol. in-18, frontisp. gravé, plus une gravure avec les portraits-médaillons de Marat, Chalier, Lepeletier, Bara, Viala, Moulin et Beauvais. br.

333. Le chansonnier de la montagne, *Paris*, an II, 1 vol. in-18, fig. br.

Le même, 1 vol. in-18, rel. maroq. rouge.

334. La muse républicaine ou Almanach chantant pour l'an-

née 1793. Le chansonnier républicain, à l'usage des
bons sans-culottes, 1793. Le petit chansonnier des armées, an II, 2 vol. et 2 gr. Choix lyrique et sentimental,
1795, fig. Chansonnier des grâces, 1797, gr. Etrennes
des honnêtes gens, Recueil de chansons, Vaudevilles, etc.,
1797, fig., 7 vol. br., dont 4 in-32 et 3 in-18.

335. Poésies et chansons révolutionnaires, publiées de 1789 à
l'an VIII, Poèmes, Odes, Epîtres, Chansons, etc., 165
pièces in-8. br.

335 *bis*. Poésies contre-révolutionnaires, publiées de 1789 à
1800, 28 pièces in-8. br.

336. Poésies nationales de la Révolution, Recueil de chants,
Hymnes et chansons, 1836, 1 vol. in-8, fig. br.

337. CLERGÉ. Accord de la religion et des cultes chez une nation
libre, par Alex. de Moy, 2 part. Profession de foi de
Alex. de Moy, Réfutation du libelle de M. de Moy, Catéchisme du curé intrus, Les loisirs d'un curé déplacé ou
Les actes de l'Eglise constitutionnelle, Sept lettres,
Question, L'Eglise constitutionnelle est-elle catholique ?
Les préjugés légitimes contre l'Eglise constitutionnelle,
Instruction pastorale et discours de Bruguieze, curé constitutionnel. Le schisme démontré, L'Ecriture sainte arra-
chée à la prostitution constitutionnelle, par Pottier, etc.,
22 pièces in-8. br.

338. — Doctrine de S. Cyprien, Sur l'unité de l'Eglise, De la nécessité de rétablir en France le clergé, Tableau fidèle de
la véritable Eglise, Catéchisme nouveau et raisonné,
Contre les horreurs du jour, Cahier du clergé régulier,
Catéchismes dogmatique et pratique, Eulogies paschales,
1792. Les intrus jugés au tribunal de la religion, Le cri
de la vérité sur les prêtres de la nouvelle loi, Apologétique présentée au roi sur le décret qui supprime les
costumes religieux, 1792. Histoire des intrusions les plus
mémorables tirée des livres saints, 1792. L'ange tuté-
laire de la France, etc., 70 pièces in-8. br.

339. — Le témoignage de la raison et de la foi contre la constitution civile du clergé et la doctrine des théologiens, par
Vauvilliers, 1791-1792. Essai sur la réforme du clergé,
1789. Entretiens patriotiques sur la constitution civile du
clergé, par Courdin, 1791. Dénonciation aux Français
catholiques, 5 vol. in-8. br.

340. — Qu'est-ce donc le pape ? Le clergé dévoilé, Abus du clergé,
Dénoncé à l'Assemblée nationale, Dialogue entre l'arche-
vêque de Paris et le vicaire de 8 sols, Le moine citoyen,
Le moine qui n'est pas bête aux Etats généraux, Le premier coup de griffe aux renards noirs, Adresse des Char-
treux à l'Assemblée nationale, Deux dialogues entre deux
commères, Gros-Jean qui remontre à son curé, Le clergé
à tous les diables, L'enterrement du clergé, Grand'messe

de *Requiem* pour le repos de l'âme du clergé, etc., 35 pièces in-8. br.

341. — La voix du vrai patriote catholique, Comparaison de la constitution de l'Eglise catholique avec la nouvelle Eglise de France, 1792. Conjuration contre la religion catholique, 1792. L'Eglise constitutionnelle confondue par elle-même, 1792, 4 vol. in-8. br.

342. — Lettres pastorales, Instructions, Mandements, Mémoires, Dissertations, Rapports, Discours, Opinions, Ordonnances, etc., de 1788 à 1791, 230 pièces réunies en 13 vol. in-8, d.-rel. bas. Recueil extrémement curieux.

343. — Discours, Opinions, Motions, Beaucoup d'écrits relatifs au serment exigé des ecclésiastiques, *id.* sur les biens du clergé, sur le schisme, etc., 100 pièces in-8 réunies en 7 vol. in-8, d.-rel. bas.

344. — Brefs du pape Pie VI, Instructions, Lettres, Epîtres et autres écrits de 1791 et 1792, 22 pièces in-8. br.

345. — L'anti-moine, Arlequin, réformateur dans la cuisine des moines. L'assemblée de Sorbonne, La calotte renversée, Les larmes et l'enterrement du clergé, Nouveau psautier à l'usage de l'ancien clergé, par l'abbé Maury. Les mouches cantharides nationales ou l'Opérateur dentiste du clergé de France, etc., 36 pièces in-8. br. Collection très-curieuse.

346. — Entretiens patriotiques sur la constitution civile du clergé, 1792. Apologie de la constitution ou Abus des pouvoirs de la noblesse et du clergé, 1791. Préservatif contre le schisme, 1791, 1 vol., 3 vol. in-8. br.

347. — Le secret de l'Eglise ou la Correspondance secrète du pape avec les évêques de France, Le pape traité comme il le mérite, Lettre du diable au pape sur la suppression des règles dans les communautés de filles, 1790. Lettre du ci-devant pape à toute la coalition, Relations véritables du grand voyage du pape en paradis et en enfer, Le pape chassé du paradis terrestre par le Père éternel, etc., 8 pièces in-8. br.

348. — Le pot au noir et le pot au blanc ou la Vérité dévoilée, La fourberie démasquée et la religion papiste renversée, A Rome 1787, 1 vol. in-8. br.

349. — Histoire de l'établissement du célibat ecclésiastique, Les prêtres devenus citoyens ou Abolition du célibat religieux, A mes concitoyens sur la sécularisation des religieux, Observations sur le célibat des prêtres, Catéchisme sur le célibat ecclésiastique, etc., 6 pièces in-8. br.

350. — Les inconvénients du célibat des prêtres prouvés par les recherches, 1790, 1 vol. in-8. br.

351. — Le mariage des prêtres, Sur le mariage des prêtres, par Chotard et Jallet. Moyen de rendre le clergé citoyen ou le Mariage des prêtres, Réflexions d'un curé constitu-

tionnel sur le décret concernant le mariage, etc., 6 pièces in-8. br.

352. — Qu'est-ce que le pape ? Vienne, 1782. L'ecclésiastique citoyen, 1787, 480 p. Entretiens d'un paroissien avec son curé, un missionnaire et un père de l'oratoire, 1791, 3 vol. Questions sur les droits du peuple et sur la juridiction des pasteurs, par l'abbé Barruel, 1791, 2 vol., 7 vol. in-12 br.

353. — Serment exigé des ecclésiastiques, 30 pièces pour et contre, in-8. br.

354. — Histoire apologétique du comité ecclésiastique de l'Assemblée nationale, par Durand Maillane, 1792, 1 vol. in-8. br.

355. — Histoire du clergé pendant la Révolution française, par l'abbé Barruel, 1794, 1 vol. in-8. br.

356. — Le partage du diable ou la Monacaille aux enfers, *A Paris, de l'imprimerie des enfants de Saint-Bruno*, 1790, in-8 de 150 p., fig. br.

357. — La chasteté du clergé dévoilée, Procès-verbaux trouvés à la Bastille, *Rome* 1790, 2 vol. in-8. br. Bel exemplaire.

358. — Conduite scandaleuse du clergé, depuis les premiers siècles de l'Eglise jusqu'à nos jours, ouvrage enrichi de notes et de preuves historiques, servant de suite aux crimes des papes, *Paris* 1793, 1 vol. in-8. br.

359. — Histoire de la Sorbonne, dans laquelle on voit l'influence de la théologie sur l'ordre social, par l'abbé Duvernet, *Paris* 1790, 2 vol. in-8. br.

360. Religieuses. Essai sur les avantages qui résulteraient de la sécularisation, Modification et suppression des monastères des filles religieuses, 1789, 110 p. Supplique à l'Assemblée nationale, par les religieuses de Paris, tendante à obtenir leur restitution au siècle et la faculté de se marier, 1789, 14 p. Lettre du diable au pape sur la suppression des règles dans les communautés de filles, 1790. Béatification de Mme Acarie, dite en religion sœur Marie de l'Incarnation. Lettres, Adresses et autres écrits relatifs aux religieuses, 12 pièces in-8. br.

361. Protestants. Discours sur le projet d'accorder l'état civil aux protestants, 2 parties. Le secret révélé ou Lettre sur les protestants, L'état civil pour les non-catholiques de France justifié, etc., 10 pièces in-8. br.

362. — Eclaircissements historiques sur la cause de la révocation de l'Edit de Nantes, 1788, 2 vol. in-8, rel. v. Mémoires sur le mariage des protestants faits en 1789, 2 part. en 1 vol. in-8, rel. bas. Lettres de deux curés des Cevennes sur la validité des mariages des protestants, 1779, 1 vol. in-8, rel. v.

363. Pétition des juifs à l'Assemblée nationale, Les juifs d'Alsace doivent-ils être admis au droit de citoyens actifs ?

1790, 254 p., fig. Apologie des juifs, Mémoire, Rapport et discours, 6 pièces in-8. br.

364. Offices des décades, par Chénier et Dusautoir, an II, 3 part. Douze discours décadaires, par Poultier, Formules religieuses pour les théo-philanthropes. Discours décadaires à l'usage des théo philanthropes, par Poultier, etc., 11 pièces in-8. br.

365. Collier (Mémoires, Justifications et autres écrits relatifs à l'affaire du). Mémoire, Réponse et Sommaire pour Mme la comtesse de Lamotte, 1786, avec les portraits de Mme de Lamotte, de sa femme de chambre, du comte de Lamotte et de Mlle de Latour. Deux mémoires pour la D^{lle} d'Oliva avec portrait, Mémoires, Requête, Lettre pour Cagliostro, avec son portrait et celui de sa femme. Mémoires et défense de Bette d'Ettienville, avec son portrait et celui de Mme Mella de Courville-Sulback. Mémoire pour Vaucher, horloger, contre Bette d'Ettienville, avec le portrait de Rétaut de Villette. Mémoire du baron de Fages avec son portrait, Réponse du comte de Précourt avec son portrait, Mémoire à consulter, pour Valentin Mulot, contre Vaucher, horloger, avec son portrait et celui de M. Marcilly. Requête pour Rétaux de Villette, Mémoire et réflexions pour le cardinal de Rohan, avec son portrait. La dernière pièce du fameux collier, avec la gravure, très-grande planche, 23 pièces, 14 portr. et le collier, 5 vol. in-4, d.-rel. bas. Bel exemplaire.

366. Mémoires du cardinal de Rohan, de Bette d'Ettienville, de la D^{lle} d'Oliva. Observations sur les Mémoires de Bette d'Ettienville et de Mlle d'Oliva, Confession générale du cardinal de Rohan, etc., 10 pièces in-8 et in-4. br.

367. Comités de salut public et de sûreté générale. Les crimes des sept membres des anciens comités, Supplément aux Crimes des anciens comités de gouvernement, par Dulaure et Lecointre, 144 p. Rapport au nom de la commission des Vingt et Un, par Saladin, 264 p. Réponse des membres des deux anciens comités, Réponses de Billaud, de Lindet et de Barère, Plaidoyer de Lysias, etc., 12 pièces in-8. br.

368. Constitutions de la France de 1790 à 1795. Constitution de la république française, 1793, pap. vél. L'esprit de la Constitution qui convient à la France, par Lenoir Laroche, 1793. Le bouclier de la Constitution française, Qu'est-ce que la Constitution de 1793 et de 1795 ? par Adrien Lezay, etc., 47 pièces in-8. br.

369. Costumes. Comment m'habillerai-je ? Réflexions sur l'habillement français, par Mercier, 1793. Les têtes tondues avec la réponse, Détail d'un impôt à créer sur les hommes et les femmes qui porteront des perruques et faux chi-

gnons avec le tarif, Costumes des représentants du
peuple, 15 sujets coloriés rog., 5 pièces in-8. br., 1 dé-
reliée.

370. Crimes des rois de France, par Lavicomterie, *Paris* 1791,
1 vol. in-8 , fig. br.

371. Crimes des reines de France, par Mlle de Kéralio, *Paris*
1791, 1 vol. in-8. br., fig. br.

372. Crimes des empereurs d'Allemagne, *Paris* 1793, 1 vol.
in-8, fig. br.

373. Crimes des empereurs turcs, *Paris*, an III, 1 vol. in-8,
fig. br.

374. Les crimes des papes, par L. Lavicomterie, avec 9 grav.,
Paris 1792, 1 gros vol. in-8. Bel exemplaire.

375. Crimes constitutionnels de France ou la Désolation française, *Paris* 1792, 1 vol. in-8, avec une très-curieuse
gravure, br.

376. Crimes des cabinets, Plans formés par les puissances pour
anéantir et démembrer la France, 1801, 1 vol. in-8. br.

377. Histoire générale et impartiale des erreurs, des fautes et
des crimes commis pendant la Révolution, par Prudhomme, 1797, 6 vol. in-8, fig., d.-rel.

378. La monarchie vengée des attentats des républicains ou
Réfutation des crimes des rois de France, 1791, 1 vol.
in-8. br.

379. Les crimes de l'ex-tribunal révolutionnaire de Brest dénoncés au peuple, an III, in-8, 88 p. br.

380. Effrayante histoire des crimes horribles qui ne sont com-
muns qu'entre les familles des rois, etc., par Mopinot,
1793, 1 vol. in-8, d.-rel. maroq. rouge.

381. Divorce (Divers écrits sur le), 10 pièces in-8. br.

382. Etrennes aux émigrés ou les Émigrants en route, 1793,
Le portefeuille d'un émigré. Mémoire d'une femme d'é-
migré, 1805. Etrennes aux Jacobins, 1817. Le fagot d'é-
pines, 1801. Angotiana, 1801. Choix d'anecdotes, Craon
et les trois opprimés, 1791, 9 vol. in-18. br., dont 6
avec grav. ou caricatures.

383. Manuel des émigrés, 1 vol. Des émigrés, Réponse à Lally,
par Leulliète, 1797, 1 vol. Commissionnaire de la ligue
ou le Messager nocturne, contenant les aventures galantes des émigrés, 1792, 1 vol. Rapport de Eschasse-
riaux sur la révision de la loi contre les émigrés, 1 vol.,
4 vol. in-8. br.

384. Lois et arrêts concernant les émigrés, 1825. Loi de l'in-
demnité, 1827. Annales administratives et judiciaires de
l'émigration, 1825, 3 vol. in-8, cart. non rog.

385. Liste générale des émigrés de toute la république, an II,
19 cah. formant 3 vol. in-fol. (complet), et les 1er, 2e, 3e,
6e et 7e suppl., 46 cah. formant environ 12 vol. in-8, le
tout en feuilles; plus : Liste des émigrés du département

de la Seine, 1 vol. in-4 de 352 p. br. Etat général des
émigrés du département du Tarn, 24 p. in-4.

386. Liste générale des individus condamnés par jugements ou
mis hors la loi, et dont les biens ont été confisqués au
profit de la république, an II, 6 cah. in-8 formant ensemble environ 740 p. br. Liste formée des citoyens qui
ont obtenu la radiation de leurs noms des listes des
émigrés, 10 cah. formant ensemble environ 500 p. in-8.
br. Bulletin des demandes en radiation des listes des
émigrés, 13 num. d'environ 24 p. in-8. br., ens. 3 liasses.

387. Correspondance originale des émigrés, *Paris* 1793, 1 gros
vol. in-8, avec un portrait curieux de Louis XVII, br.

388. Histoire de l'émigration, par Montrol, 1825, 1 vol. in-8. br.

389. Mémoires d'un émigré, 1830, 2 vol. in-8. br.

390. Souvenirs d'un émigré de 1797 à 1800, par (de Laporte),
1843, 1 vol. in-8. br.

391. Des Etats généraux ou Histoire des Assemblées nationales
en France, par Delandine. Galerie des Etats généraux,
2 part., etc., 53 pièces ou vol. in-8. br.

392. Galerie des Etats généraux et galerie des dames françaises,
3 part., 1789-1790, in-8. br. La dernière est *rare*.

393. Procès-verbal des derniers Etats généraux tenus aux Enfers, où se trouvent les plaidoyers de l'évêque de Grenoble et de Judas, avec le supplément qui est rare, *de
l'imprimerie royale des Enfers*, 1789, 2 parties in-8.
br.
    Satire violente contre Hay de Bouteville, évêque de
Grenoble.

394. Forme générale et particulière de la convocation et de la
tenue des Assemblées nationales ou Etats généraux de
France, justifiées par pièces authentiques en 1560, 1576
et 1614, par Lasource et Duval, conseillers au Châtelet,
1789, 16 vol. in-8. br. Collect. bien complète, très-rare.

395. Les Etats généraux de l'autre monde, vision prophétique,
Langres 1789, 2 vol. in-8. br.

396. Des Assemblées nationales en France, depuis l'établissement de la monarchie jusqu'en 1614, par Henrion de
Pensey, 1829, 2 vol. in-8. br.

397. Almanach des honnêtes femmes, 30 p. Hommage aux
plus jolies et vertueuses femmes de Paris, 7 p. rog.
Etrennes aux grisettes, 1790, 36 p. Déclaration des droits
des citoyennes du Palais-Royal, 7 p. Les demoiselles du
Palais-Royal aux Etats généraux, 15 p. Réponse des
Etats généraux aux demoiselles du Palais-Royal, 7 p.
Très-sérieuses remontrances des filles du Palais-Royal,
1789, 20 p. De la prostitution, cahier et doléances d'un
ami des mœurs, 29 p. rog. Tarif des filles du Palais-
Royal, 2 num. de 8 p. chacun. Les délices du palais ci-devant royal en vaudeville, 8 p. Lettre du diable à la plus

grande p.... de Paris, 8 p., etc., 45 pièces in-8. br.,
4 rog.

398. Almanach des Françaises célèbres par leurs vertus, leurs
talents ou leur beauté, *Paris* 1790, 1 vol. in-48. br.,
frontisp. gr. et fig.

399. Avis aux dames, Du sort actuel des femmes, Requête des
dames à l'Assemblée nationale, Bréviaire des dames pa-
risiennes pour la défense de Louis XVI, Le falot du peuple
ou Entretiens de Mme Saumon, marchande de marée,
sur le procès de Louis XVI. La correspondance des
dames, Griefs et plaintes des femmes mal mariées, Très-
humbles remontrances des femmes françaises, Grand
débat entre deux dames sur les affaires du temps, etc.,
11 pièces in-8. br.

400. Cahier des plaintes et doléances des dames de la Halle,
2 part., 1789. Grande motion des halles, V'là c' qui s'est
dit et passé à la Halle, La mère fort en gueule et le re-
cruteur des Jacobins, 4 pièces in-8. br.

401. Les délassements patriotiques du gros Thomas et de
Mlle Tempérament chez Mme Miroton, Le désespoir de
Mme Angot, Délire prophétique d'une diseuse de bonne
aventure, 1792. Les femmes ne nous mèneront plus, etc.,
9 pièces in-8. br.

402. Galerie des dames françaises pour servir de suite à la Galerie des États généraux, *Londres* 1790, in-8 de 207 p.,
avec la clef imprimée. br. Écrit curieux et rare.

403. Procès-verbal et protestation de l'assemblée de l'ordre le
plus nombreux du royaume, 32 p. Réponse des femmes
de Paris à l'ouvrage précédent, 14 p. Nouvelle assem-
semblée des notables cocus du royaume en présence des
favoris de leurs épouses, *Paris, an Ier*, 63 p., 3 pièces
in-8. br.

404. Mesdames, tantes du roi Louis XVI. Adresses à l'Assemblée
nationale sur le départ de Mesdames, 1791. Pourquoi
Mesdames sont-elles parties? Route qu'ont prise Mesdames pour sortir du royaume, La rage et le désespoir
du père Jean Bart sur le départ de Mesdames, Relation
du voyage de Mesdames, etc., 8 pièces in-8. br.

405. Relation du voyage de Mesdames, tantes du roi, en 1798,
80 p. Relation du voyage de Louis XVI à Bruxelles et à
Coblentz, en 1791, 120 p. Relation de la captivité de
Monsieur, frère de Louis XVI, en 1791, 140 p., portr.,
3 pièces, br.

406. Généraux. Mémoires justificatifs pour les généraux Du-
houx et Laubadère, Compte rendu, par Dillon, général.
Miranda à ses concitoyens, Interrogatoire, etc. Détails
circonstanciés de Kilmaine, Correspondance de Ronsin,
Reproches faits à Luckner, Campagne de la Vendée, par
Westermann. Son interrogatoire, Tuncq et Miaczinski à

leurs concitoyens, Précis, par Moreton. Desprez-Crassier à la Convention, etc., 20 pièces in-8. br.

407. Généraux. Deux mémoires pour le général Danselme avec son interrogatoire, Mémoire de Cormatin, Précis et lettre du général Harville, Ligniville à ses concitoyens et exposé de sa conduite, Miaczinski à ses concitoyens, Mémoire pour le général Lanoue, Pétition de Louis Caffarelli, Exposé de la conduite d'Em. Serviez, 12 pièces in-4. br.

408. Instruction publique. Rapport de Talleyrand avec les tableaux, Mémoire, par Audrein. Projet d'éducation nationale, par Maurice, médecin à Nantes, etc., 9 pièces in-8 et in-4. br.

409. Rapport de Condorcet sur l'instruction publique, Plan d'éducation nationale, par Barruel. De l'éducation dans les grandes républiques, Organisation des écoles nationales, par Auger. Esquisse d'un plan d'éducation, par Dampmartin. Rapport sur l'instruction publique, par Talleyrand, etc., 15 pièces ou vol. in-8 et in-4. br.

410. Jacobins (Pamphlets contre les). Les battus paient l'amende ou les Jacobins Jeannots, par Babeuf. Description et vente curieuse des animaux féroces, mâles et femelles, de la ménagerie du cabinet d'histoire naturelle des ci-devant Jacobins, Les cris et hurlements de chaque bête et leur utilité, Fermez vos boutiques, les Jacobins ouvrent les leurs. Guerre aux Jacobins, Voyage dans les quatre parties du monde, Grand retour, Les Jacobins traités comme ils le méritent, Convaincus d'imposture, Au Panthéon, Hors la loi, Démasqués, Assassins du peuple, Grande épuration par le tribunal révolutionnaire, Le coup de grâce, L'agonie, aux galères, Grandes litanies, Manifeste, Les Jacobins à l'eau, Les manœuvres dévoilées, Encore les Jacobins, Grandes prouesses, La puce à l'oreille, Le fripier national ou la Défroque des Jacobins, Grand déménagement des Jacobins pendant la nuit sans payer leur terme, Le carnaval jacobite, Les Jacobins sont f.... et la France est sauvée, Lettre de Pitt aux Jacobins noirs, Coupez les griffes au parti féroce, Chassez-moi les Jacobins, Je ne suis plus Jacobin et je m'en f...., Potpourri jacobite, Bon jour bon an ou les Etrennes des Jacobins, Gare nos têtes, les Jacobins organisent le tribunal révolutionnaire. Gare le mors aux dents, Que de têtes qui branlent, Les culs des Jacobines visités par le peuple, Abjuration des petites filles jacobites des départements, La pelle au cul des Jacobins, La confession, Tous les Jacobins sont foutus ou Leur *De profundis*, Frères tout est perdu ou le Cri de détresse des Jacobins, La jacobinière en déroute, Toute la vérité ou Histoire impartiale des Jacobins, L'enterrement des Jacobins, Ré-

ception d'un guillotiné dans la république des morts, Première séance des Jacobins aux Enfers, Discours prononcés à la Société des Jacobins, etc., 175 pièces in-8. br. Réunion extrêmement curieuse.

411. La Jacobinéide, poème héroï-comi-civique, par Marchant, *Paris, au bureau des Sabats jacobites*, 1792, orné de 12 curieuses grav., 1 vol. in-8. br.

412. Histoire des Jacobins en France ou Examen des principes anarchiques de la révolution, suivi de notices sur Louis XVI, Marie-Antoinette et Mme Elisabeth, 1795, 2 vol. in-12. br.

413. Magistrature (Pamphlets contre la). Les injustices des Parlements dévoilées, 1790, 144 p. Extrait du charnier des innocents avec supplém., Le massacre des innocents, L'aristocratie magistrale, Scène comique entre le diable et un procureur, Le trépas de la reine Chicane avec fig., Suppression de tous les huissiers de Paris, Le rat du Châtelet avec fig., Agonie, mort et descente aux Enfers des treize Parlements du royaume, *au tartare*, 1791, etc., 22 pièces in-8. br.

414. Mendicité (Plan du travail du comité pour l'extinction de de la). Divers rapports par Larochefoucauld-Liancourt, 1790, 1 gros vol. in-8, rel. bas.

415. Municipalité et commune de Paris. Proclamations, Discours, Pétitions, Adresses, Lettres, Délibérations, Exposé des travaux de l'assemblée des représentants de la commune de Paris, par Godard, *Paris* 1790, 248 p., etc., 130 pièces in-8 et in-4. br.

416. Noblesse (Réunion curieuse d'écrits pour et contre la). Considérations sur la noblesse de France, par de Lacroix, 1790. Qu'est-ce que la noblesse et que sont ses priviléges? 1789. Observations sur le préjugé de la noblesse héréditaire, 1789. Quelques mots à la noblesse, Le *Credo*, le *Confiteor*, l'*Introïbo*, le *De profundis* de la noblesse. Le réveil de la noblesse, Première sommation de la noblesse au peuple français, Procès de la noblesse contre le tiersétat, Reproche de la haute noblesse aux Etats généraux, Protestation de la noblesse de France émigrée dans les pays étrangers, Acte de contrition de MM. les gardes du corps, *Londres* 1789, avec fig. Lettre sur la noblesse, Le triomphe du tiers-état ou les Ridicules de la noblesse, Comédie héroï-tragique, Les crimes de la noblesse, pièce en 5 actes, par la citoyenne Villeneuve, etc., 26 pièces in-8. br.

417. Noblesse en 1789 (Ecrits intéressants sur la). Libre disdiscours sur sa prérogative dans la Constitution, Mémoire au roi en faveur de la noblesse française, Considérations historiques et politiques, Les intérêts de la noblesse bien entendus, Lettre sur la noblesse, Réforme de la noblesse et du clergé, Appel au devoir de la no-

blesse française, Les derniers soupirs de la noblesse, Reproche de la noblesse aux Etats généraux, Très-sérieuses remontrances des filles du Palais-Royal à MM. de la noblesse, Le réveil de la noblesse, etc., 38 pièces en 1 vol. in-8, d.-rel. bas. Recueil très-curieux.

418. Etrennes à la noblesse, par Dulaure, Paris, an III, 1 vol. in-8, fig. br.

419. Liste des noms des ci-devant nobles, nobles de race, robins, financiers, intrigants et de tous les aspirants à la noblesse ou Escros d'icelle, par Dulaure, *Paris, chez Garnery, an II*, 3 part. in-8. br. Réfutation du pamphlet de Dulaure, intitulé: Liste des ci-devant nobles, par Paul Lacroix, *Paris, Techener*, 1841, in-8 de 96 p. br.

420. Vie privée des ecclésiastiques, prélats et autres fonctionnaires publics qui n'ont point prêté leur serment sur la constitution civile du clergé, pour faire suite à la liste des nobles, *Paris, chez Garnery*, 1791, 3 part. in-8. br.

421. Les métamorphoses ou Liste des noms de famille et patronimiques des ci-devant ducs, marquis, comtes, etc., par Brossard, 7 num. in-8. br. Il en faut 8 num.

422. Dictionnaire des ennoblissements ou Recueil des lettres de noblesse depuis leur origine, etc., *Paris* 1788, 2 vol. in-8. br.

423. Histoire critique de la noblesse, par Dulaure, *Paris* 1790, 1 vol. in-8. br.

424. Crimes et forfaits de la noblesse et du clergé, *Paris* 1790, 1 vol. in-8, fig. br.

425. Histoire de l'esprit révolutionnaire des nobles en France, 1818, 2 vol. in-8, d.-rel.

426. Ligue des nobles et des prêtres contre les peuples et les rois, 1820, 2 vol. in-8. br.

427. PAMPHLETS. Assemblée nationale (pamphlets et autres écrits pour et contre l'). Tableau de la conduite de l'Assemblée prétendue nationale, 2 part. L'Assemblée convaincue d'erreur, par J. J. Rousseau. La Corruption de l'Assemblée, L'Assemblée nationale vengée et traitée comme elle le mérite, La première, seconde et troisième aux grands, Injustice criante de l'Assemblée, etc., 60 pièces in-8. br.

428. — La clef de la Révolution ou le Règne de la séduction, Grande liste des gagnants à la Révolution, Le loup-garou à l'Assemblée, Les bienfaits de la Révolution, Vision s'il en fut jamais, Les pourquoi et les quand, Donnez-nous leurs têtes et prenez les nôtres, Changez-moi toutes ces têtes, Voulez-vous nous guillotiner tous ? Pendez-moi, mais écoutez-moi, etc., 25 pièces in-8. br.

429. — Le crime de l'année 1789, Poéme, 1789 aux Enfers, fait politique en 1 acte, curieuse fig. Confession de l'année 1790, Confession de l'année 1791 avec fig., Amende ho-

norable de l'année 1791, Les souhaits patriotiques pour la nouvelle année 1792, L'année 1792 morte dans l'impénitence, Testament politique de l'année 1795, 9 pièces in-8. br.

430. — L'épigamie des brigands ou la Latromanie, satyre apologétique-antithétique de la rébellion dite Révolution de France, *à Coblentz* 1792, in-8 de 78 p., fig. br., prose et vers.

431. — Délibération et remontrances arrêtées par les notables hôtes des bois, bipèdes, quadrupèdes et volatiles, adressées aux États généraux *en plaine*, 1789, 22 p. Pétition de tous les chiens de Paris à la Convention, Grande pétition des ivrognes de Paris contre les marchands de de vins, La nation sans-culotte, Peuple réveille-toi, il est temps, L'Europe et la France devant le trône de l'Eternel, Qu'est-ce qu'une convention nationale? Ruines ou Voyage en France, par Adrien Lezay, etc., 15 pièces in-8. br.

432. — Dialogue entre un savetier retiré et un financier, La guinguette patriotique, dialogue. Dialogue entre Phocion et Mably aux Champs-Elysées, Les bavardages politiques de la rue Saint-Denis, Dialogue entre deux sans-culottes, Les dialogues sans fin et autres dialogues et conversations, 13 pièces in-8. br.

433. — Diogène à l'Hôtel-de-Ville, Epiménide aux Parisiens, Harangue du cheval de Henry IV à tous les ânes de France, Révélations du compère Mathieu, Ramponneau à l'Assemblée et aux Français, Lettres de Polichinelle, Vision, La France risible, Les farriboles patriotiques, 12 pièces in-8. br.

434. — Ecoutez, voyez et contristez-vous, Ouvrez donc les yeux, 2 part. Fermez les yeux, A présent crevez-vous les yeux, Le compère sans gêne ou la Vérité en riant, Les quatre repas, Encore quatre repas, Le rêve, Le coucher, La moutarde après dîner, La tasse de café sans sucre, Prenez votre petit verre, etc., 29 pièces in-8. br.

435. — Le flambeau du peuple, La passion, la mort et la résurrection du peuple, Le tribun du peuple, *Le gloria in excelsis* du peuple, Grand'messe votive, *Jam satis*, Les ténèbres après Pâques, *Le dies iræ*, La trompette du jugement, etc., 80 pièces in-8. br.

436. — Le grand jubilé national, Les *alleluia* de la Révolution, Procès-verbal de l'assemblée des Saints-Martyrs, anges, chérubins, qui a eu lieu en paradis, Le clergé chassé du paradis terrestre, Le gardien des capucins ou l'Apôtre de la liberté, Le voilé, pamphlet violent contre le clergé, Motion insidieuse de l'apôtre saint Pierre, Le Père éternel démocrate ou le Vainqueur de la Bastille en paradis malgré saint Pierre, L'Evangile du jour, La bête de l'a-

pocalypse, Les cinq péchés capitaux, Premier et deuxième sermons pour le premier et le second dimanche du Carême, etc., 20 pièces in-8. br.

437. — Qu'est-ce que la Révolution? Les délires parisiens, On ne s'entend plus, Le batteur clairvoyant, Discuter est félonie, Lettres clubiques, Français prenez garde à vous, La lunette d'approche, La lanterne sourde, par Ch. Goret, 118 p., etc., 40 pièces in-8. br.

438. — Les mille et un tyrans avec fig., Le club des halles, La loge rouge dévoilée à toutes les têtes couronnées, Les intrigues dévoilées ou les trentre-trois factieux dénoncés, Périssent les tyrans destructeurs de la France, Les Cromwels démasqués, Les forfaits ou la Chute des factieux, Bon Dieu qu'ils sont bêtes ces Français ! etc., 30 pièces in-8. br.

439. — La puce à l'oreille du bonhomme Richard, 2 part. Almanach des aristocrates avec grav., Entretiens curieux entre Guillaume Lefranc et Hercule de Sottancourt, duc de Sottenville, 1789. Chances que la France a courues dans la Révolution, Le premier et second coups de vêpres, Pitt à Saint-Domingue ou les Crimes de l'ancien comité de Salut public, Vous laisserez-vous écorcher sans rien dire? Vengeance! par Dufourny. Réponse à la grande affiche jaune de Dufourny, Les bêtes féroces de la Révolution, etc., 18 pièces in-8. br.

440. — Le dernier coup de la ligue, Les vices des anciennes sociétés populaires, Tels gens, tel encens. Ouvre l'œil, peuple ! Tarif des députés à l'Assemblée nationale, Galerie de portraits vivants, Les œufs de Pâques, La belle chose qu'un orage, Nos hommes d'Etat confondus avec les gueux, Histoire à deux visages, Bibliothèque de la cour et de la ville, Synonymes nouveaux, Les aventures politiques du père Nicaise, Les plus courtes folies sont les meilleures, Les évangélistes du jour, La Convention traitée comme elle le mérite, Recueil de pièces intéressantes, etc., 60 pièces in-8. br.

441. — Qu'est-ce que la nation? et qu'est-ce que la France? Qu'est-ce qu'une convention nationale? Qu'est-ce que la Constitution de 1795? Des gouvernements qui ne conviennent pas à la France, Diogène à l'Hôtel-de-Ville, Démocrite voyageur et aristocrate, La lanterne de Diogène, L'eau à la bouche et la pelle au cul, Tout coule ou la Galimafrée nationale, fig. Le long parlement et ses crimes, etc., 70 p. in-8. br.

442. — Qui est-ce donc qui gagne à la Révolution? Réflexions de Figaro, L'échec et mat à la liberté, La puce à l'oreille du bonhomme Richard, 2 part. La tête leur tourne, Le banquet des proscrits, Arrêtez les fripons, etc., 43 pièces in-8. br.

443. — Nous mourons de faim, Le peuple est las, Quand aurons-nous du pain? Une livre de pain, Le pain du peuple, Donnez-nous du pain ou égorgez-nous! Le pain à deux sols la livre, par Dubois Crancé. La queue des boulangers coupée, La viande à dix sous la livre en dépit des affameurs du peuple, Le dernier cri des sans-culottes qui manquent de pain, etc., 11 pièces in-8. br.

444. — Mes prophéties sur les États généraux, Heureuses prédictions de d'Orivelle, Prophéties de Mᵉ de Labrousse, Le chant du coq ou Prophéties, Mémorable prédiction pour la fin du dix-huitième siècle, Prophéties de Nostradamus depuis 1791 jusqu'à 1798, Nostradamus moderne ou Almanach prophétique de 1791, Prophéties pour les huit derniers mois de 1792, Prophéties par Nostradamus, 14 pièces in-8. br.

445. — Correspondance de quelques gens du monde sur les affaires du temps, 1791, 2 part. Confession de l'année 1791, fig. Écartelez le monstre, La foudre allait partir avant l'éclair, Mouillez les cordes, L'épigamie des brigands, L'union des trois ordres et la poule au pot, La lanterne magique républicaine, La cocarde nationale, Lettres de Polichinelle à ses compères, Le roi d'Yvetot à la reine de Hongrie, Vexilla regis, Combat sanglant entre le dimanche et le décadi, etc., 40 pièces in-8. br.

446. — Le courrier des Enfers, Correspondance infernale, La confédération de tous les diables, Les enragés Suisses aux Enfers, La messe des damnés, Chronique du paradis, etc., 8 pièces in-8. br.

447. — Dispute du diable, Colère, Visites au manége, Promenade du diable dans les différents quartiers de Paris, L'évangile du diable, Lettre, Pétition, Cri, Confession, Adieux du diable, etc., 12 pièces in-8. br.

448. Tiers-État (Pamphlets et autres écrits sur le). Cahiers du tiers-état, Le fanal, L'Alléluia, Les litanies, Le Magnificat, etc., 15 pièces in-8. br.

449. Directoire (Pamphlets violents contre le). Acte d'accusation contre le Directoire, Le Directoire jugé par ses amis et ses ennemis, Liste des coquins qui se sont enrichis de l'or et de l'argent de la république, Nos cochons sont assez gras, il faut les changer, Grande conspiration des pommes cuites, Quatre à pendre, Le cinquième qui file sa corde, Places à louer pour les voir tous guillotiner, Le vinaigre des quatre voleurs, Ote-toi de là que je m'y mette, L'honneur du Directoire compromis, Les cinq s.... donnés pour un seul, Procès-criminel qui doit être jugé en 1799 contre une aventurière nommée *Révolution*, Vie privée d'un membre du Directoire (Carnot), Vie secrète et privée des cinq membres du Directoire, etc., 105 pièces in-8. br. Réunion curieuse et rare.

450. Considérations sur la Révolution de France et correspondance politique, par Mallet du Pan, Anecdotes curieuses et peu connues sur différents personnages de la Révolution, Le royaliste ou Lettres d'un Français réfugié sur les bords du Rhin, Fragment de l'histoire de la Convention, par Dussault. Le long parlement et ses crimes, etc., 50 pièces in-8. br.

451. Lettres sur la Révolution française, par Gorani. Considérations sur la Révolution, par Brandes. Des causes qui ont opéré la Révolution, Essais sur les causes et les effets de la Révolution, Anecdotes curieuses et peu connues sur différents personnages qui ont joué un rôle dans la Révolution, Fragment pour servir à l'histoire de la Convention, par Dussault. Discours sur les moyens de sauver la France et la liberté, par Jacques Roux, avec la signature de l'auteur. Discours prononcé par Mouvel, le jour de la fête de la raison, etc., 22 pièces in-8. br.

452. Les hommes de la Révolution peints d'après nature, par Coste d'Arnobat. Récit des événements arrivés au temple, Les ôtages de Louis XVI et de sa famille, Réflexions d'un vieillard sur les journées de septembre 1792, Profanation des tombes royales de Saint-Denis en 1793, etc., 16 pièces in-8. br.

453. Du tribunal révolutionnaire, par Sirey. La vérité sur les vrais acteurs de la journée de septembre 1792, La chasse aux bêtes puantes et féroces, Anecdotes curieuses sur différents personnages qui ont joué un rôle dans la Révolution, Les tigres couronnés, Etrennes à la vérité ou Almanach des aristocrates, avec grav. Le triomphe des braves Parisiens et discours, par Jacques Roux, avec sa signature. Fragment pour servir à l'histoire de la Convention, par Dussault, etc., 55 pièces in-8. br.

454. Copie des pièces saisies chez Babeuf, 2 vol. Véritable portrait de nos législateurs, Petit dictionnaire des grands hommes de la Révolution, Galerie des aristocrates militaires, Almanach des députés à l'Assemblée nationale, 1 vol. in-12. Les jardins de Betz, poème. Extraits de la correspondance d'un gobe-mouche et deux autres pièces sur le même sujet, Rapport au nom de la commission des Vingt et Un, par Saladin, 1 vol., etc., 33 pièces ou vol. in-8. br.

455. Princes français. Le comte d'Artois, Le prince de Condé, d'Orléans Egalité, Le prince de Conti, etc., 40 pièces in-8. br. Réunion très-curieuse.

456. Notice historique sur les finances de France de 1800 à 1814, par le duc de Gaëte, 1818, 1 vol. in-8. br.

457. Monnaies (Sur les). La refonte et la fabrication, 16 pièces in-8 et in-4. br.

458. Papier-monnaie. Qu'est-ce que le papier-monnaie? Théo-

rie des assignats, Recréditez l'assignat, Donnons notre
bilan, L'expédition de Don Quichotte contre les moulins
à vent, et un grand nombre de mémoires et avis divers
sur les assignats, 75 pièces in-8 et in-4. br.

459. Collection générale des tableaux de dépréciation du papier-monnaie, an VI, 1 vol. in-4 de 395 p. br.

460. Tableau du maximum des denrées et marchandises à
l'usage de tous les districts de la république, an II, 20
cah. form. 3 vol. in-8. br.
Curieux essai de tarifier la consommation de tout genre
d'un vaste pays comme la France.

461. Poids et mesures, 42 pièces in-8. br.

462. Prisons. De l'intérieur des maisons d'arrêt, par X. Audouin. Les représentants du peuple détenus dans la maison d'arrêt des Carmes, Douze représentants détenus à
Port-Libre, Les représentants du peuple détenus dans la
maison d'arrêt des Écossais, Rapport à la Convention
sur l'affreux régime des prisons du Luxembourg et des
Carmes, Mon agonie de trente-huit heures, par Journiac
Saint-Méard, 1792. Mon retour à la vie après quinze
mois d'agonie, par Paris de l'Epinard. Encore une vic-
time ou Mémoires d'un prisonnier de la maison d'arrêt
des Anglaises, par Foignet. Départ du temple pour
Cayenne des déportés du 18 fructidor, etc., 12 pièces
in-8. br.

463. — Les huit mois d'un détenu aux Madelonnettes, par La-
chabeaussière. La nouvelle Chartreuse ou ma Détention à
Port-Libre, par Vigée. Les souvenirs d'un jeune prisonnier ou Mémoires sur les prisons de la Force et Du Ples-
sis, L'agonie de Saint-Lazare, par Dusaulchoy. Assassi-
nats commis sur 81 prisonniers de la prison dite Saint-
Lazare. Tableau historique de la maison Lazare, Mon
agonie de trente-huit heures, par Journiac Saint-Méard.
Paul-Henri Marron à la citoyenne Hélène-Marie Williams,
Liste des personnes des deux sexes arrêtées et détenues
dans les différentes prisons de Paris, 1793, 9 pièces in-8.
br.

464. — Tableau et almanach des prisons sous le règne de Robespierre, 4 vol. in-18. fig. br.

464 *bis.* Histoire des prisons de Paris et des départements, contenant des mémoires rares et précieux, par Nougaret,
Paris 1797, 4 vol. in-12. fig. br.

465. Relation de ce qu'ont souffert pour la religion les prêtres
déportés à l'île d'Aix en 1794, 72 p. Recueil des victimes
déportées en 1798-1799 à Sinamari, Cayenne, etc., 1823,
58 p. Révolution royaliste de Toulon en 1793, 51 p., ens.
3 pièces. br.

466. Liste générale et très-exacte des noms, âges, qualités et
demeures de tous les conspirateurs condamnés à mort

par le tribunal révolutionnaire, *Paris, an II*, 11 num. en livraisons. Collection complète.

467. Le glaive vengeur de la république française ou Galerie révolutionnaire contenant les noms, les qualités, l'âge, les crimes et les dernières paroles de tous les grands conspirateurs et traîtres à la patrie, dont la tête est tombée sous le glaive national, par Dulac, Paris, an II, 1 vol. in-8 br., avec fig. représentant la guillotine.

468. Compte rendu aux sans-culottes de la république française, par très-haute, très-puissante et très-expéditive dame Guillotine, dame du Carrousel, de la place de la Révolution, de la Grève et autres lieux, rédigé par Tisset, Paris, an II, in-8 de 191 p. br., avec une curieuse fig. (1re partie).

469. Recherches historiques et physiologiques sur la guillotine, et détails sur Samson, par Louis Dubois, *Paris* 1843, 36 p. avec fig. Opinion du citoyen Sue sur le supplice de la guillotine, La démission du bourreau de Paris, 3 pièces in-8. br.

470. *The guillotine*, par M. Croker, 1843, in-8 de 48 p. br. *Revolutionary tribunal*, par le même, 1844, in-8 de 66 p. br.

471. Fondation de la chapelle funéraire de Picpus, avec la liste des victimes immolées à la barrière du Trône. Liste des personnes dont les corps ont été inhumés dans le terrain de l'ancien cimetière de la Magdeleine, 2 pièces in-8 br.

472. THÉÂTRE RÉPUBLICAIN. La prise de la Bastille, par David, 1790. Le nouveau gâteau des rois, 1790. L'attentat de Versailles ou la Clémence de Louis XVI, 1790. Les Thermopyles, 1794. Le 14 juillet, par Fabre d'Olivet, 1790. Mirabeau aux Champs-Élysées, par Mme de Gonges, 1791. Les citoyens français ou le Triomphe de la Révolution, par Vaqué, 1794. Le jugement dernier des rois, par Silvain Maréchal, an II. La prise de Toulon, an II, etc., 36 pièces in-8. br.

473. — Le jugement dernier des rois, par S. Maréchal. L'alarmiste, par Desprez. Les vrais sans-culottes, par Rézicourt. Mirabeau aux Champs-Élysées, Les peuples et les rois au tribunal de la Raison, Les épreuves du républicain, Le véritable ami des lois, Naissance de très-haute dame Constitution, fig. Bordier aux Enfers, etc., 20 pièces in-8. br.

474. — Le complot des Jacobins tourné en eau de boudin, comédie-parade en 3 actes et en prose, *au Palais-Royal* 1792, 79 p. Le souper des Jacobins, comédie en 1 acte, par Armand Charlemagne, *Paris, an III*, 30 p. Les Jacobins, comédie unique en 1 acte, Paris, an III, 36 p. Les Jacobins aux Enfers, vaudeville en 1 acte, par Hector Chaussier, Paris, an III, 39 p., 4 pièces in-8. br.

475. — Tactique des Cannibales ou les Jacobins, comédie en
1 acte et en prose, 2e éd., *Paris* 1795, in-8 de 52 p. br.

476. — Théroigne et Populus ou le Triomphe de la démocratie,
drame national, précédé du précis historique sur la vie
de Théroigne, *London* 1790, in-8 de 121 p. br.

477. — Comédiens (Documents relatifs aux). Cahier, Plaintes et
doléances de MM. les comédiens français, 1789. Etat civil demandé aux Etats généraux par les comédiens de
France, Discours sur les spectacles, 1789. Sur la liberté
du théâtre, par Chénier, Laharpe et Millin de Grand-
maison. Pétition, mémoire et observations des comédiens
français. Evénements à l'occasion des décrets concernant
l'éligibilité de MM. les comédiens, Le bourreau et les
juifs, 1790. Exposé de la conduite et des torts du sieur
Talma envers les comédiens, 1790. Réponse et réflexions
de Talma, Réponse de M. Naudet, comédien du roi, aux
injures répandues contre lui. L'agrément des concerts
de la rue Feydeau, 1795, etc., 20 pièces in-8. br.

478. — Questions importantes sur la comédie de nos jours, par
l'abbé Parisis, *Valenciennes* 1789, in-8 de 274 p. br.

479. — Rapport sur la propriété des auteurs dramatiques,
par Baudin. Rapport, pétition, dénonciation et réponse
des auteurs dramatiques contre les comédiens, Réponses
des auteurs dramatiques. Mémoire pour Cailhava avec
envoi autogr., Réponse de Dalayrac, etc., 11 pièces in-8
et in-4. br.

480. Compte rendu au roi en 1788, par Necker. Sur le compte
rendu au roi en 1781, Etat des dons patriotiques en
1792, 166 p. Etat de la dette publique en 1792, in-fol.
Rapport sur les contributions en 1792, 4 vol. Tableau
de recensement, an IV, 1 vol. in-fol., etc., 30 pièces
in-4 et in-fol. br., dont 6 vol. relatifs aux finances.

481. Registres des dépenses secrètes de la cour, connus sous
le nom de *Livre rouge*, *Paris* 1793, 1 gros vol. in-8. br.

482. De la propriété et de ses rapports avec les droits de citoyen, an VIII, 115 p. De la destruction du régime féodal, 1791, 183 p. L'ami du peuple français, attribué à
Condorcet, 1776, 153 p. Le pacte de famille, par Dupont
de Nemours, 1790, 152 p., ens. 4 vol. in-8. br.

483. Etat nominatif des pensions sur le trésor royal, impr. par
l'Assemblée nationale, 1789-1790, 4 vol.; supplém.,
16 cah., 2 vol. Rapports, observations et une correspondance de 16 num., 1 vol., ens. 7 vol. in-8 d.-rel. Recueil
qui paraît complet.

484. Inventaire des diamants de la couronne, Perles et pierre-
ries, 1791, 2 vol. in-8 d.-rel. en un.

485. Appel à Michel Montaigne, suivi de Voltaire aux Champs-
Elysées, *Paris* 1793, in-8 de 30 p. br.

486. De l'autorité de Rabelais dans la Révolution présente, par Ginguené, *Paris* 1791, in-8 de 156 p. br.

487. La petite Lutèce devenue grande fille, *Paris* 1790, 2 vol. in-12. br.

488. La pariséide ou les Amours d'une jeune patriote et d'une belle aristocrate, poëme héroï-comi-politique, *Paris* 1790, in-8 de 128 p., fig. br.

489. Sept et le va à l'as de pique ou le Ponte en bonne fortune, anecdote parsemée de contes en vers, *à Pharaonis* 1784, 1 vol. in-18. br.

490. Frère Bonaventure et la belle Angélique, marchande de poissons, poëme tragi-comique en 8 chants, *Paris* 1793, in-8 de 67 p. br.

491. Chronique arétine, *Caprée* 1789, in-8 de 104 p. br.

492. Le remue-ménage du paradis ou la Députation du Vatican, orné d'une grav., *à la ménagerie des Cieux*, 1789, in-8 de 22 p. br.

493. Le véritable Evangile, par le citoyen Gallet, an II. Essai philosophique sur le monachisme, par Linguet. Le génie des siècles, par Th. Mandar. Le balai, poëme, par Dulaurens, 4 pièces in-8. br.

494. La lanterne magique ou Fléaux des aristocrates, étrennes d'un patriote dédiées aux Français libres, ornée de 12 jol. grav., *Berne* 1790, 1 vol. in-18 br.

495. Le parc au cerf ou l'Origine de l'affreux déficit, *Paris* 1790, 1 vol. in-8, portr. et fig. br. Bel exemplaire.

496. Les inspirations du moment ou Pensées détachées sur la Révolution, *Paris* 1791, 1 vol. in-18. br. *Rare*.

497. Changement de décoration ou Vue perspective de l'Assemblée nationale des Français, *au Champ-de-Mars, de l'imprimerie des Confédérés, sous les auspices de l'hypocrite Blondinet*, etc., *l'an II des horreurs populaires*, in-8, paginé de *a* à *z*, imprimé en rouge, avec 4 fig., dont une représentant Lafayette en singe.

498. De l'origine et de la forme du bonnet de la liberté, par Gibelin, *Paris*, an IV, in-8 de 27 p., avec 5 pl. br.

499. Le martyrologe de la Révolution, *Coblentz* 1792, 1 vol. in-8, d.-rel. bas., avec 3 grav., dont une représentant Marie-Antoinette se sauvant dans l'appartement de Louis XVI, au 6 octobre 1789.

500. Le fléau des tyrans et des septembriseurs, par le général Danican, 1797, 1 vol. in-8, fig. br.

501. Les brigands démasqués, mémoires pour servir à l'histoire du temps présent, par Aug. Danican, *Londres* 1796, 1 vol. in-8. br., avec le portrait de Barras en costume de directeur, ayant une guillotine dans son blason. Bel exemplaire.

502. Le tombeau de Jacques Molai ou le Secret des conspirateurs avec la suite, Le voile levé pour les curieux ou le

Secret de la Révolution révélé à l'aide de la franc-maçonnerie, 1791, 3 pièces in-8. br.

503. Police (La) dévoilée, par P. Manuel, l'*an II de la liberté*,
1790, 2 vol. in-8, fig. br.

504. La libertéide ou les Phases de la Révolution française, tableaux héroï-lyrique, par Moussard, 1802, 1 vol. in-8,
portr. br.

505. Le dernier banquet des Girondins, par Ch. Nodier, 1833. La
mort des Girondins, drame, 1829, 2 vol. in-8. br.

506. Manuel des assemblées primaires et électorales de France,
avec des notes sur la faction d'Orléans, *Hambourg*, 1 vol.
in-12. br.

507. Les contemporains de 1789 et 1790, *Paris* 1790, 3 vol.
in-8. br.

508. Les grands hommes du jour, 1790-1791, 3 part. in-8. br.

509. Du gouvernement, des mœurs et des conditions en France
avant la Révolution, par Senac de Meilhan, 1814, 1 vol.
in-8. br.

510. Histoire de la vacance du trône impérial, 1790, 1 vol.
in-8. br.

511. Causes en partie inconnues des principaux événements
qui ont eu lieu en France depuis trente-deux ans, par
Robert, 1817, 2 vol. in-8. br.

512. Histoire de la constitution de l'empire français ou Histoire
des États généraux, par l'abbé Robin, 1789, 2 vol. in-8. br.

513. Histoire des premiers électeurs de Paris en 1789, par
Duveyrier, 1828, 1 vol. in-br.

514. Histoire de l'Assemblée constituante, par Al. Lameth, 1829,
2 vol. in-8. br.

516. Histoire de France depuis la Révolution de 1789, écrite
d'après les manuscrits des contemporains, par Toulon-
geon, 1801, 7 vol. in-8. br.

516 *bis*. Histoire de la Révolution de France, par deux amis de
la liberté, 1792-1803, 20 vol. in-18. br.

517. Histoire politique de la Révolution en France, *Londres*
1789, 2 vol. in-8. br.

518. Histoire de la Révolution de France, depuis le mois de mai
1789 jusqu'au 18 brumaire 1799, par l'abbé Papon,
1815, 6 vol. in-8. br.

519. Histoire secrète de la Révolution française, par Pagès,
1797-1802, 7 vol. in-8 d.-rel., le 7e br.

520. Histoire chronologique de France, de 1787-1828, par Ca-
diot, 1828, 1 fort vol. in-8. br.

521. Tableau historique de la Révolution, par d'Escherny, 1815,
2 vol. in-8. br.

522. Essais sur l'histoire de la Révolution française, par une
société d'auteurs latins (Héron de Villefosse), *Rome* 1803,
in-8 de 111 p. br.

523. Histoire de la guerre civile en France et des malheurs

qu'elle a occasionnés de 1789 à 1799, (par Nougaret), 1803, 3 vol. in-8. br.

524. Histoire du départ du roi, par Pétion, *Paris* 1791, 1 vol. in-8. br.

525. Histoire du dernier règne de la monarchie française, La chute des Bourbons et leur procès, *Hambourg, s. d.*, 2 vol. in-8. fig. br.

526. Les forfaits des 5 et 6 octobre 1789, 3 tom. en 2 vol. in-8, d.-rel. bas.

527. Procédure criminelle, instruite au Châtelet, sur la dénonciation des faits arrivés à Versailles les 5 et 6 octobre 1789, 1790, 2 vol. in-8. br.

528. Histoire de la Révolution du 10 août 1792, par Peltier, *Londres* 1795, 2 vol. in-8. br.

529. Le dernier tableau de Paris ou Récit de la Révolution du 10 août 1792, par Peltier, Londres 1794, 2 vol. gr. in-8. br. portr.

530. Histoire particulière des événements qui ont eu lieu en France pendant les mois de juin, juillet, août et septembre 1792, par Maton de la Varenne, 1806, 1 vol. in-8. br.

531. Récit de la conduite des gardes suisses à la journée du 10 août 1792, Paris 1821, 1 vol. in-4 de 107 p. fig. br.

532. Recueil de pièces relatives au monument de Lucerne consacré à la mémoire des suisses morts le 10 août 1792, Paris 1821, in-4. fig. br.

533. Histoire pittoresque de la Convention et de ses principaux membres, par M. L...., conventionnel, 1833, 4 vol. in-8. br.

534. Histoire du directoire exécutif de la république, par Henry, 1801, 2 vol. in-8, d.-rel.

535. Histoire secrète du Directoire, 1832, 4 vol. in-8. br.

536. Histoire secrète du tribunal révolutionnaire, par Proussinalles, 1815, 2 vol. in-8. br.

537. Histoire secrète de Coblence, par Montgaillard, 1814, 1 vol. in-8. br.

538. Journées mémorables de la Révolution. Confédération nationale, 14 juillet 1790, avec 5 grav. Recueil de pièces sur les événements du 20 juin, Le cri de la douleur ou la Journée du 20 juin, Journées de février et avril 1791, Le grand oculiste du champ de la Tuerie, ci-devant la Fédération, écrit très-curieux. Révolutions des 10 août, 31 mai, 9 thermidor, etc., 52 pièces in-8. br.

539. Journées mémorables de la Révolution française, avec le tableau des votes émis dans le procès de Louis XVI, 1829, 2 vol. in-8 à 2 col. br.
Le même ouvrage, 11 vol. in-32. br.

540. Vendémiaire an IV (Journée du 13). Essai par Réal, Précis historique, Coup d'œil sur la journée et ses suites, No-

tice sur le 13 vendémiaire ou les Parisiens vengés, par Ang. Danican, etc., 5 pièces in-8. br.

541. Histoire du 18 fructidor, par Delarue, 1821, 2 vol. in-8. br.

542. Fructidor an V (Journée du 18). 18 fructidor, ses causes et ses effets, 2 vol. Com. Jordan à ses commettants, Journal de Ramel avec portrait, Le nouveau 31 mai, Du 18 fructidor, par Lemaire. Mémoires de Barthélemy, Le 18 fructidor avec une curieuse grav. Liste des déportés, Leur départ pour Cayenne, etc., 16 pièces ou vol. in-8. br.

543. Histoire du 18 brumaire et de Bonaparte, par Gallais, 1814-1815, 3 part. en 1 vol. in-8. d.-rel.

544. Brumaire an VIII (Journée du 18). Le 18 brumaire, Paris, an VIII, 1 vol. Sur le 18 brumaire, par Lacretelle aîné et Lemaire, Révolution du 18 brumaire, par Lucien Bonaparte, *Paris* 1845, 1 vol. Mémoires historiques, Diverses brochures sur Bonaparte, etc , 22 pièces et 2 vol. in-8. br.

545. Mémorial ou Journal historique, impartial et anecdotique de la Révolution de France, de 1786 à l'an VIII, par Lecomte, 1801, 3 vol. in-18. br.

546. Apologie de la Révolution et de ses admirateurs anglais, par Mackintosh, 1792, 1 vol. in-8. br.

547. La régénération de la France, par Peltier, 1789, 1 vol. in-8. br.

548. Annales françaises, 1789-1790, par Sallier, 1832, 2 vol. in-8. br.

549. Anecdotes relatives à quelques personnes et à plusieurs événements remarquables de la Révolution, par Harmand (de la Meuse), édit. augmentée d'anecdotes supprimées par la censure de 1814, Paris 1820, 1 vol. in-8. br.

550. Anecdotes du dix-huitième siècle, *Londres* 1783, 2 vol. in-8. br.

551. Anecdotes secrètes du dix-huitième siècle, pour faire suite aux Mémoires de Bachaumont, 1808, 2 vol. in-8 d.-rel.

552. Dialogues (Sept) des morts de la Révolution, par Pilpay. Nouveaux dialogues des morts, Le club infernal, 3 num., 27 pièces in-8. br.

553. Dialogues sur la Révolution, dans lesquels on examine les causes et les conséquences, 1803, 1 vol. in-8. br.

554. Colloque des morts, Les plus fameux condamnés par la loi portée contre les conspirateurs, *Paris, an II*, 1 vol. in-18. br.

555. Fastes de la république française, par Monnet, 1793, 2 vol. in-18., grav. br.

556. Les fastes de l'anarchie ou Précis chronologique de la Révolution de 1789 à 1804, par Jouffroy, 1820, 2 vol. in-8. br.

557. Les missionnaires de 1793, 1819, 1 vol. in-8. br.

558. Tableau historique et politique des pertes que la Révolu-

tion et la guerre ont causées au peuple français, par sir
Francis d'Ivernois, *Londres* 1799, 2 vol. in-8. br.

559. Journal pour servir à l'histoire du dix-huitième siècle,
1788, 3 vol. in-8. d.-rel.

560. Journal de l'anarchie, de la terreur et du despotisme, où
chaque jour est marqué par un crime, 1821, 3 gros vol.
in-18. br.

561. Le génie de la Révolution, 1817, 3 vol. in-8. br.

562. L'esprit de la Révolution de 1789, par Rœderer, 1831,
1 vol. in-8. br.

563. Chronique de cinquante jours, du 20 juin au 10 août, 1792,
par Rœderer, 1832, 1 vol. in-8. br.

564. Le spectateur français avant la Révolution, par Lacroix,
an IV, 1 vol. in-8. br.

565. L'espion anglais ou Correspondance entre deux lords sur
les mœurs publiques des Français, 1809, 2 vol. in-8.
d.-rel.

566. Aperçu de l'état des mœurs et des opinions dans la république et vers la fin du dix-huitième siècle, par H. Williams, 1801, 2 vol. in-8. br.

567. Explication de l'énigme de la révolution européenne,
commencée vers le milieu du dix-huitième siècle, *Londres* 1826, 2 vol. in-8. br.

568. Esquisses dramatiques du gouvernement révolutionnaire
de France aux années 1793 à 1795, par Ducancel, 1830,
1 vol. in-8. br.

569. Voyage en France pendant les années 1787 à 1790, par
Art. Young, 1793, 3 vol. in-8. br.

570. Memorial révolutionnaire de la Convention, par Vasselin,
1797, 4 vol. in-12. br.

571. Exposé et défense de notre Constitution monarchique
française, par Moreau, *Paris* 1789, 2 vol. in-8. br.

572. Principaux évènements pour et contre la Révolution et
prédiction de Danton au tribunal révolutionnaire accom-
plie, par d'Aubigny, *Paris, an III*, in-8 de 129 p. br.

573. Mémoires historiques de la princesse de Lamballe, publiés
par Mme Guénard, 1815, 2 vol. in-12, portr. br.

574. Mémoire de l'adjudant-général Ramel sur les transportés
du 18 fructidor, 1799, grav. Anecdotes secrètes sur le
18 fructidor, faisant suite au journal de Ramel, grav.
Réponse de Carnot au rapport de Bailleul, Second mémoire de Carnot, Mémoire faisant suite à celui de Carnot
et de Ramel, 1799, 5 vol. in-12. br.

575. Mémoires historiques et diplomatiques de Barthélemy,
an VII, 1 vol. in-8. br.

576. Mémoires secrets de Montgaillard, pendant les années de
son émigration, an XII, 1 vol. in-8. br.

577. Mémoires pour servir à l'histoire du Jacobinisme, par
l'abbé Barruel, 1803, 5 vol. in-8. br.

578. Abrégé des mémoires pour servir à l'histoire du Jacobinisme, par l'abbé Barruel, 1801, 2 vol. in-12. br.
579. Mémoires justificatifs de divers personnages qui ont joué un rôle dans la Révolution, 32 pièces in-8. br.
580. Extraits de quelques écrits de l'auteur des mémoires pour servir à l'histoire de la persécution française, 1814, 2 vol. in-8. br.
581. Testament moral et politique de Catherine Théos, se disant Mère de Dieu, *Paris*, *an III*, in-8 de 16 p. br., plus le Rapport de Vadier sur la secte de Catherine Théos.
582. Les prédictions de J. Gorani sur la Révolution française, *Londres* 1797, 1 vol. in-8. br.
583. Actes des philosophes et des républicains recueillis par Barruel Beauvert, 1807, 1 vol. in-8. br.
584. Les-Bourbons ou Précis sur leurs aïeux, par Montjoie, 1815, 1 vol. in-8. 20 portr. grav. cart. non rog.
584 *bis*. Toute la vérité au roi sur des faits graves touchant l'honneur de la maison de Bourbon, par Pitou, 1821, 2 en 1 vol. in-8. cart. rog.
585. Conduite des princes de la maison de Bourbon durant la Révolution et l'émigration, par Barère, 1835, 1 vol. in-8. br.
586. Procès des 26 prévenus d'assassinat sur la personne de Léonard Bourdon, à la maison commune, en 1793, à Orléans, série de 10 num. du tribunal révolutionnaire.
587. Procès instruit par la haute-cour de justice, contre Babeuf, Drouet et autres, an V. 7 tom. en 6 vol. in-8. d.-rel. Complet.
588. Procès fameux, jugés avant et pendant la Révolution, par Desessarts, 1786-1803, 20 vol. in-12. br., collection complète, 10 vol. pour l'époque révolutionnaire.
589. Correspondance secrète de Charette, Stofflet, Puisaye et autres, an VII, 2 vol. in-8. portr. br.
590. Correspondance secrète de plusieurs grands personnages illustres de la fin du dix-huitième siècle, 1802, 1 vol. in-8. br.
591. Lettres choisies de Charles Villette, membre de la Convention, sur les principaux événements de la Révolution, *Paris* 1792, 1 vol. in-8. portr. br.
592. Lettres de l'abbé Edgeworth, confesseur de Louis XVI, à ses amis, etc., 1818, 1 vol. in-8. d.-rel.
593. Le conservateur ou Recueil de morceaux inédits d'histoire et de politique, par F^{ois} de Neufchâteau, an VIII, 2 vol. in-8. br.
594. Ecole de politique ou Collection, par ordre de matières, des meilleurs discours qui ont été prononcés dans l'Assemblée constituante pendant les années 1789 à 1791, *s. d.*, 1792, 12 vol. in-8, avec environ 20 portr. rel. en v. Bel exemplaire.
595. Recueil des opinions de Clermont-Tonnerre, 1791, 4 vol.

in-8. pap. vél. Collection des opinions de Malouet, député, 1791, 2 vol. in-8, ens. 6 vol. in-8. rel. v, fil.

596. Annuaire du républicain ou Explication des noms de
plantes substitués à ceux des saints, par Millin, an II,
1 vol. in-12. fig. Annuaire du cultivateur, par Romme,
an III, 1 vol. in-12. br.

597. Esprit du Mercure de France, depuis son origine jusqu'en
1792, *Paris* 1810, 3 vol. in-8. br.

598. Dictionnaire de la constitution et du gouvernement français, *Paris*, an III, 1 gr. vol. in-8. br.

599. Dictionnaire national et anecdotique, *à Politocopolis* 1790,
199 p. Nouveau dictionnaire français, composé par un
aristocrate, *en France*, 1790, 72 p. Supplément à l'ouvrage précédent, *de l'imprimerie du sieur Mottier*, 1790,
32 p. Extrait d'un dictionnaire inutile, 1790, 286 p. Dictionnaire raisonné de plusieurs mots qui sont dans la
bouche de tout le monde et ne présentent pas des
idées bien nettes, *Paris* 1790, 288 p. Nouveau dictionnaire pour servir à l'intelligence des termes mis en
vogue par la Révolution, *janvier* 1792, 152 p., 6 pièces
in-8. br.

600. Petit dictionnaire des grands hommes de la Révolution,
par un citoyen actif, ci-devant rien, au Palais-Royal
1790, 1 vol. in-12 de 120 p. br. Petite biographie con-
ventionnelle, dans laquelle on voit figurer : des marquis,
des bouchers, des évêques, des comédiens, etc., 1815,
1 vol. in-12. fig. br.

601. Campagne de Brunswick contre les Français en 1792, *Paris*, an III, 1 vol. in-8. br.

602. Pièces diverses et correspondance relatives aux opérations de l'armée d'Orient, Paris, an IX. Mémoires pour
servir à l'histoire des expéditions en Egypte et en Syrie,
par J. Miot, *Paris* 1804, 2 vol. in-8. br.

603. Recueil sur la Révolution de 1789. Mémoire historique
des Etats généraux, par Laharpe. Dernier coup porté
aux préjugés, par Billaud Varenne. La France libre, par
Cam. Desmoulins. Catéchismes, Dialogues, Lettres, Le
loup philosophe, Les enragés aux Enfers, Lettres du comte
de C... sur la Révolution de 1789, Lettres du Père éternel et de la Sainte-Vierge, Lettres de Robespierre, de
Rabelais, du diable au Pape. Des dames de Paris, D'un
fou aux Parisiens, De Villon le pleureur, D'un chevalier
fidèle à son roi, De Saint-Huruge, Discours et opinions
de Malouet, Maury, Rabaut, Dupont de Nemours, Montlosier, Camus, Cazalès, Clermont-Tonnerre, Plaintes
contre Cam. Desmoulins, par Malouet. Changement de
décoration ou Vue perspective de l'Assemblée nationale,
imprimée en rouge avec 4 fig. curieuses. Ecrits sur le
Tiers-Etat, Les finances, Les assignats, Les droits de

— 61 —

l'homme, Les Parlements, L'Assemblée nationale, etc.,
980 pièces réunies en 55 vol. in-8, d.-rel. bas.

604. Recueil sur la Révolution de 1789, classé par ordre alphabétique, renfermant des pamphlets, des documents sur
les provinces de France, dont on pourrait citer un grand
nombre ; nous nous bornerons à mentionner les pièces
suivantes : Testament, adieux, maladie et confession de
Mme de Polignac, Théroigne et Populus ou le Triomphe
de la démocratie, Sonnez le tocsin, La maison brûle,
Eloge de la peur, Le parchemin en culotte, Le peintre
politique, par Billaud Varenne, Appel à la nation, par
Marat, Le livre rouge, 11 livraisons (complet), imprimées
en rouge, Intrigues de Mme de Staël, La chasse aux bêtes
puantes et féroces qui ont inondé la cour et la ville,
2 part. complètes, pamphlet très-curieux, Les audiences
de la Folie, extravagance patriotique, Les chevaux au ma-
nège, 4 part. Hommage aux plus jolies femmes de Paris,
Liberté de la presse, Liberté du théâtre, Divers pamphlets sous le titre de Crimes, Prophéties de Mlle de la
Brousse, Confession du comte d'Artois, Précis de la vie
de Théroigne, Correspondance infernale de Lucifer, Testaments d'hommes célèbres, Chansons, Pots-pourris,
Sermons critiques, Catéchismes, Discours, Adresses, etc.,
1052 pièces réunies en 49 vol. in-8, d.-rel. bas. Collection fort importante.

605. Ecrits sur la Révolution de 1788 à 1800, Pamphlets, Discours, Rapports, Opinions des députés, etc., 1900 pièces
in-8 et in-4, br. Collection nombreuse ne manquant pas
d'intérêt.

606. Vie du général Desaix, 1810, Eloges funèbres de Kléber
et de Desaix, Foissac Latour dévoilé ou Notice sur la
conduite de cet ex-général, Tableau de la vie militaire
d'Adrien-Nicolas Lasalle, Notice sur Latour-d'Auvergne,
Eloge du général Marceau, Vie du citoyen Raffet, commandant de la force armée de la Butte des Moulins, Vie
du capitaine Thurot, 12 pièces in-8, br.

607. Eloge non funèbre de Jésus et du christianisme, *imprimé
sur les débris de la Bastille, l'an II de la liberté et du
Christ*, 1791, in-8 de 102 p. La fable de Christ dévoilée,
Paris, an II, 107 p., 2 pièces in-8, br.

608. Eloge de la peur, prononcé par elle-même, en présence
de l'Assemblée nationale et des Parisiens, 1790, in-8 de
62 p. br.

609. Eloge du président Dupaty, Vie de Molière, par Voltaire,
1739, Notice sur Malesherbes, Vie de Cagliostro avec son
portr., Vie privée de l'abbé Maury, Vie privée et publique du comte de Mirabeau, portr. Trois éloges du
même, Vie et confession de Lafayette, Confession du
cardinal de Rohan, Biographie de Babeuf, par Ed. Fleury.

Eloge de Marceau, Eloge funèbre de Kléber et Desaix, etc., 20 pièces in-8. br.

610. Eloge historique de Mme Elisabeth de France, par Ferrand, 1814, 1 vol. in-8. br.

611. Essai de morale et de politique et vie de Math. Molé, par Molé, 2e édit., 1809, 1 vol. in-8. br.

612. Adieux de Marie-Thérèse-Ch. de Bourbon, contenant sa vie, des chansons et anecdotes sur le Temple, 1796, portr. Réponse au manifeste de Louis XVIII, an VIII, 2 vol., gr. Mémoires sur Marie-Thérèse, fille de Louis XVI, 1800, portr. Almanach des mécontents, 1800, portr. de Louis XVII. Berryana, 1820, 6 vol. in-18 br.

613. Histoire amoureuse de Mme de Maintenon, 1804, 1 vol. in-12, portr. br. 157 p.

614. Vie de Marie-Thérèse de France, fille de Louis XVI, par A. Nettement, 1843, 1 vol. in-8. d.-rel.

615. Vie politique de Marie-Louise de Parme, reine d'Espagne, contenant ses intrigues amoureuses, etc., *à la cour d'Espagne*, 1793, 1 vol. in-18 de 192 p. 4 gr. br.

616. Vie de Mme la comtesse du Barry, suivie de ses correspondances épistolaires et de ses intrigues galantes et politiques, *de l'imprimerie de la cour*, 1790, in-8 de 95 p., avec un très-curieux portr. ayant 4 vers au bas, commençant ainsi :
La Messaline que tu vois...
Plus l'acte d'accusation et son jugement, in-4. br.

617. Vie philosophique, politique et littéraire de Rivarol, 1802, 2 vol. in-12. portr. br. L'école des factieux, des peuples et des rois, par Richer Serisy, 1800, 2 vol. in-12. br.

618. Vie du général Charette, par Lebouvier-Desmortiers, *Paris* 1809-1814, 3 vol. in-8. br. portr.

619. Vie du général Hoche, par Rousselin, an VI, 2 vol. in-8. portr. br.

620. Vie politique de tous les députés à la Convention, par Robert, 1814, 1 vol. in-8. cart. non rog.

621. Collection de matériaux pour servir à l'histoire de la Révolution française, Bibliographie des journaux, par Deschiens, 1829, 1 fort. vol. in-8. br.

622. Collection de 220 portraits des députés à l'Assemblée nationale, gravés par Levachez, format in-4, premières épreuves. Très-bel exemplaire de souscription.

623. Portraits des personnages célèbres de la Révolution, par Bonneville, 1797, 2 vol. in-4. br., tome II et III, contenant 200 portr. et 29 costumes des membres du Directoire, anciennes épreuves.

624. Caricatures politiques, par Beauvert, avec 5 fig. coloriées représentant l'*indépendant*, l'*exclusif*, l'*acheté*, l'*enrichi* et le *systématique*, in-12 de 18 p. br.

625. Collection de 60 drapeaux pour les 60 districts de Paris,

en 1789, réunie en 2 vol. in-4, rel. bas. Chaque drapeau, colorié à la main, a sa devise et porte le nom de son bataillon, avec le costume du porte-drapeau.

626. Cartes de sûreté délivrées sous la république de l'an III à l'an VI, avec signatures des administrateurs, 200 pièces format in-18.

Provinces.

627. **AISNE.** Cahier des doléances du Tiers-État du bailliage de Saint-Quentin, Lettre à Claude Marolles se disant évêque de l'Aisne, Dialogues entre le roi et l'évêque de Laon, les députés de l'Aisne à la Convention, Rapports, opinions et autres écrits de Bouchereau, Beffroy, Boisrot Lacour, Debry (Jean), Loysel, Petit (Edme), l'abbé Rathier, Saint-Just, etc., 20 pièces in-8. br.

628. **ARDÈCHE.** Cahier de la noblesse du Bas-Vivarais, Lettres de l'évêque de Viviers, Conspiration de Saillans, Divers écrits du comte d'Antraigues, Boissy d'Anglas, Corenfustier, Gamon, Gleizal, Riffard Saint-Martin, etc., 39 pièces in-8. br.

629. **AUBE.** Cahier des députés de l'ordre du clergé du bailliage de Troyes, Les 64 pourquoi ou les Étrennes du peuple constitutionnel de l'Aube, Les officiers municipaux de Troyes à l'Assemblée Nationale, Divers écrits de Courtois, Hugot, Ludot, Rabaud, Robin, Sourdat, etc., 14 pièces in-8. br.

630. — Histoire du terrorisme exercé à Troyes, par Alexandre Rousselin et son comité révolutionnaire, *Troyes, an III*, in-8 de 90 p. br.

631. **BÉARN** (BASSES-PYRÉNÉES). Cahier de l'ordre de la noblesse du bailliage du Labour, Récit de ce qui s'est passé à Pau le 13 juillet 1788, Arrêté des citoyens actifs de la ville de Pau, Divers écrits de Casenave, Conte, Le marquis de Lons, Neveu, Pemartin, etc., 13 pièces in-8. br.

632. **BERRI** (CHER ET INDRE). Rapports, discours et autres écrits de Bouthillier, Heurtant, Lamerville, Crublier, Opterre, Pepin, Porcher, Torné, etc., 15 pièces in-8 et in-4. br.

633. **BOUCHES-DU-RHONE** (BASSES-ALPES ET VAR). Histoire du terrorisme dans la commune d'Arles, Rapports d'Espert sur sa mission dans le département des Bouches-du-Rhône, Correspondance de Barbaroux, Divers écrits d'Antonelle, Barras, Durand Maillane, Granet, Mainvieille, Mirabeau, Rovère, Ricord, etc., 96 pièces in-8. br.

634. **BRETAGNE** (ILE-ET-VILAINE, FINISTÈRE, CÔTES-DU-NORD,

Loire-Inférieure et Morbihan). Cahier des charges du peuple de la Sénéchaussée de Rennes, Détail de ce qui s'est passé à Saint-Malo, Les crimes du tribunal révolutionnaire de Brest, Vie révolutionnaire des sans-culottes de la société populaire d'Ancenis, Rapport sur l'attaque de Nantes par les chouans, Divers écrits de Duval, Gohier, Guyomar, Lanjuinais, Carrier, Français, Mosneron, Audrein, Bertolio, etc., 70 pièces in-8. br.

635. **BRETAGNE** (la Révolution en). Observations, Discours, Mémoires, Adresses, Relations, Protestations, etc., de 1788-1790, 52 pièces réunies en 3 vol. in-8. d.-rel. bas.

636. **CALVADOS.** Cahier du Tiers-État de la paroisse de Saint-Vaast, Mémoire et consultation pour les 84 citoyens détenus dans la tour de Caen, Divers écrits d'Aveline, Doulcet, Fauchet, Longuet, Vardon, etc., 35 pièces in-8 et in-4. br.

637. — Bulletins des autorités constituées réunies à Caen chef-lieu du département du Calvados, du 22 juin 1793 au 12 juillet suivant, 8 numéros in-8. br. Bel exemplaire.

638. **CHAMPAGNE** (Ardennes, Marne et Haute-Marne). Le conseil de guerre de Mézières à la Convention, Cahier du Tiers-État des bailliages de Chaumont et Magny en Vexin, Divers écrits de Baudin, Dorizy, Drouet, Dubois-Crancé, Prieur, Wandelaincourt, etc., 58 pièces in-8. br.

639. **CHARENTE ET CHARENTE-INFÉRIEURE.** Cahier des remontrances de la noblesse de l'Angoumois, Pouvoirs donnés aux représentants du clergé de Saintonge, Comptes rendus, Rapports et autres écrits de Bernard, Bréard, Chazaud, de Chezeaux, Eschassériaux, Garnier, Giraud, Lozeau, etc., 21 pièces in 8. br.

640. **COMTÉ** (Doubs, Jura et Haute-Saône). Le tombeau du despotisme en Franche-Comté, Délibération du Tiers-État de Vesoul, Arrêté du bailliage de Gray, Essai sur l'histoire militaire du Bourg de Saint-Loup, Opinions, Rapports, Discours et autres écrits de Besson, Bonguyot, Briot, Coquille, Ferroux, Grosbois, Muguet de Nanthou, Vernier, etc., 34 pièces in-8. br.

641. **CORSE.** Coup d'œil sur la situation de la Corse, Correspondance de Constantini avec ses commettants, Monge et Pache, Discours de Paoli, Grande trahison de Paoli contre la liberté du peuple, etc., 8 pièces in-8 et in-4. br.

642. **COTE-D'OR.** Procès-verbal dressé à l'Assemblée générale des trois États du Dijonnais, Chambre du clergé du bailliage de Dijon, Requête par le Tiers-État de la ville de Dijon, Contre-poison de l'adresse de Dijon ou Réponse aux égorgeurs, Discours à l'Assemblée des amis de la

Constitution de Dijon en faveur du bonnet de la liberté, Voyage à Montbar, par Hérault de Séchelles, Divers écrits de Basire, Berlier, Carnot, Frochot, Guyton, Guyot, Lambert, Prieur, Simonne, etc., 36 pièces in-8. br.

643. **DAUPHINÉ** (Isère, Hautes-Alpes, Drôme). Analyse du testament politique de Mandrin, rogné. Fausse tentative de la discorde en Dauphiné, Procès-verbal du serment solennel prêté par les gardes nationales de Vienne, Grand duel de Barnave et Cazalès, Brissot à Barnave, Du retour à la religion, par Paul Didier, 2ᵉ édit. 1802. Pièces historiques et divers écrits de Barnave, Albert de Rioms, Chabroud, Charrel, Isoard, Meunier, Prunelle, Réal, Servan, Saint-Priest, Serre, etc., 60 pièces ou vol. in-8. br.

644. — (Isère). Mémoire au roi pour la noblesse du Dauphiné, Le capitaine Tempète à Barnave, Résurrection du marquis de Brunoy retrouvé à Pierre en Cize, Lettre de frère François Xavier supérieur des écoles chrétiennes de la maison de Die, etc., 20 pièces in-8. br.

645. — Mémoires sur divers sujets d'antiquités du département de la Drôme, par l'abbé Chalieu, Valence, vers 1800, 1 vol. in-4. fig. br.

646. **EURE.** Cahier du clergé des bailliages d'Evreux, Procès-verbal des habitants de la ville de Vernon, L'administration de l'Eure à la Convention, par Sophie de La Fontaine Dywcart dite Sainte-Claire, divers écrits de Buzot, Lindet, Richou, etc., 11 pièces in-8 et in-4. br.

647. **EURE-ET-LOIR.** Vœux du Tiers-État de la ville de Chartres, diverses bonnes brochures, de Brissot, Pétion, Talon et autres, 38 pièces in-8. br.

648. **GARD.** Cahier de doléances du Tiers-État de la Sénéchaussée de Nimes, Précis des massacres commis par les protestants de Nimes, Vérités historiques sur les événements arrivés à Nimes le 13 juin 1790, M. Dumouchel soi-disant évêque du département du Gard, L'apothéose de M. Dumouchel, pièces qui font connaître les fédéralistes du Gard. Rapports et autres écrits de F. Aubry, Alluit, Leyris, Rabaut, Voulland, Vincens, etc., 29 pièces in-8. br.

649. **GARONNE** (Haute-). Cahier de l'ordre de la noblesse de la Sénéchaussée de Guienne, Adresse de la municipalité de Toulouse à l'Assemblée nationale, Arrêté des officiers du grand bailliage de Toulouse, Discours, Rapports et Opinions de Calès, Cailhasson, Desacy, Drulhe, Julien, Mazade, Mailhe, Moutané, Pérès, Rouzet, Veirieu, etc., 34 pièces in-8. br.

650. **GERS.** Cahier de l'ordre de la noblesse de Condom, Les autorités et sociétés populaires du Gers, Rapports, Discours et autres écrits de Bernard, Descamps, Cappin,

Cazalès, Darpeus, Desmolins, Dubarran, Ichon, etc., 45 pièces in-8. br.

651. **GIRONDE.** Catéchisme du citoyen, par M. Terrasson. Prospectus de la chronique de Bordeaux, par Mittié. Discours au club par le même, Adresse au club national, par Julien. L'ombre de la Gironde, Rapports, Opinions, Adresses, Lettres et autres écrits de Boyer Fonfrède, Deleyre, 5 pièces de M. Desèze, Ducos, Gensonné, Guadet, Laffon, Verguiaud, etc., 38 pièces in-8. br.

652. **GUIENNE.** (AVEYRON, LANDES, LOT-ET-GARONNE, DORDOGNE, ET HAUTES-PYRÉNÉES). Cahier du Tiers-État de la province du Périgord, Diverses pièces et écrits d'Albouis, 53 rapports de Barère, Cavaignac, Faydel, Feraud, Lacuée, Meynard, Picqué, Seconds, etc., 101 pièces in-8. br.

653. **HÉRAULT.** Mémoire sur la horde des brigands de Montpellier, 1791. M. Pouderous soi-disant évêque du département de l'Hérault à tous ses adhérents, 5 pièces curieuses de V. Aigoin y compris une affiche, Divers écrits de Brunel, Courdin, Jessé, Fabre, Cambon, etc., 31 pièces in-8 et in-4. br.

654. **ILE DE FRANCE** (OISE). Réponse d'un membre du Tiers-État aux particularités du bailliage de Senlis, Rapports, Opinions, Discours et autres écrits de Bezard, Cormiliolle, Couppé, de Franchieu, Isoré, Mathieu, Portiez, etc., 23 pièces in-8. br.

655. **INDRE-ET-LOIRE.** Cahier de la noblesse des bailliages de Touraine, Réponse des patriotes de Tours au libelle de Senar, intitulé : *Les brigands de la Vendée en évidence*, Opinions, Rapports et autres écrits de Ysabeau, Nioche, Pottier, etc., 18 pièces in-8. br.

656. **LANGUEDOC** (AUDE, HAUTE-LOIRE ET TARN). Tyrannie de Robespierre dans le département de la Haute-Loire, Camus réfuté, La Camusade et autres écrits contre Camus, plus des rapports et opinions de Lacombe, Lasource, Ramel, etc., 38 pièces in-8. br.

657. **LIMOUSIN** (CORRÈZE ET HAUTE-VIENNE). Rapports, Discours, Opinions et autres écrits de Borie, Brival, Bordas, Lidon, Marbot, Penières, Mirabeau cadet, Rivaud, etc., 21 pièces in-8. br.

658. **LOIRET.** Cahier de l'ordre de la noblesse du bailliage de Gien, Compte des opérations de la municipalité d'Orléans, Discours prononcé dans le temple de l'Eternel à la fête du genre humain, par Aignan, Histoire et récits de mes périls depuis le 31 mai 1793, par J. B. Louvet, et divers écrits du même, de Bourdon, Bézard et Gillet, etc., 28 pièces in-8 et in-4. br.

659. **LOIR-ET-CHER.** L'ordre des États tenus à Blois en 1576, Rapports, Mémoires, Discours et autres écrits, de

Chabot, Foussedoire, Frécine, Lavoisier, etc., 12 pièces in-8. br.

660. — Tableau des prisons de Blois, *Blois, an III*, in-4 de 55 p. br. 1re édit.

661. — Le même ouvrage, nouvelle édition. Blois, an III, in-8 de 97 p. br.

662. **MAINE-ET-LOIRE.** Cahier contenant les vœux des communes de la province d'Anjou, Détail d'une insurrection qui s'est manifesté à Angers, Ligue de l'amnistie Delaunay, contre un patriote, Divers écrits de Brevet, Choudieu, Delaunay, Leclerc, Réveillère, Lepeaux, etc., 18 pièces in-8. br.

663. **MANCHE.** Compte rendu à leurs commettants par les députés de la noblesse du grand bailliage de Cotentin, Les marins de Granville à l'Assemblée nationale, Compte général que rend le tribunal militaire de l'armée des côtes de Cherbourg à la patrie, Rapports de Lecarpentier sur sa mission dans le département de La Manche, 151p. Opinions, Rapports, etc., Des députés Bonnesœur, Engerran, Letourneur, Ribet, etc., 40 pièces in-8 et in-4. br.

664. **MEURTHE ET MEUSE.** Cahier de l'ordre de la noblesse du bailliage de Lunéville, Grands détails sur l'affaire de Nancy, Grand désastre de Nancy, Affaire de Nancy, Déclaration de la province de Lorraine, Divers écrits de Bertolio, d'Espagnac, Cavaignac, Harmand, Lafare, Grégoire, 16 pièces. Mallarmé, Mollevault, Prugnon, Saile, etc., 77 pièces in-8. br.

665. **MOSELLE.** Cahiers de la noblesse et du Tiers-État du bailliage de Metz, Faits concernant la ville de Metz et le pays Messin, Nouveaux détails authentiques arrivés de Metz sur la marche de l'armée de Bouillé, Relation du siége de Longwy et exposé de la conduite du citoyen Lavergne son commandant, Rapports, Opinions et autres écrits de Becker, Duquesnoy, Hentz, Merlin, Thirion, Voidel, etc., 37 pièces in-8 et in-4. br.

666. **NIÈVRE.** Cahier de la chambre du Tiers-État du bailliage royal du Nivernois, Cahier des remontrances du Tiers-État du bailliage de Nivernois et Donziois, Passion du Jésus des vrais catholiques crucifié par les Juifs schismatiques de la municipalité de Nevers, Écrits de Jourdan, Guillemardet et Legendre, etc., 9 pièces in-8. br.

667. **NORD.** Manifeste de la province de Flandre, Cahier de la noblesse de Cambrai, Les députés de Lille à la Convention, Rapports, Discours et opinions de Duhem, Duquesnoy, Estourmel, Gossuin, Merlin et autres, 42 pièces in-8. br.

668. **ORNE.** Recueil de chansons patriotiques qui ont servi à la Révolution de Mortagne, par Desgrouas, 102 p. Cen-

turie de Nostradamus déterrée par un savant antiquaire
d'Alençon et présentée par un comité de dames citoyennes à très-gros et très-puissant Fessier, évêque de
l'Orne, Divers écrits de Bertrand, Dafeiche Valazé, Gérard Desrivières, etc., 15 pièces in-8. br.

669. **PAS-DE-CALAIS.** Cahier général du Tiers-État des
bailliages de Calais et Ardres, Mémoire présenté par les
députés d'Artois au comte de Brienne, Situation politique de la commune de Saint-Omer, Réponse de la
commune d'Auxi-le-Château à une partie d'une section
de la même commune, Les crimes de J.-Lebon, 23 pièces
de Robespierre ainsi que d'autres écrits de Enlart,
Goffroy, Guiter, Daunou, Personne, etc., 62 pièces in-
8. br.

670. **POITOU** (Vendée et la Vienne). Cahier de la noblesse
du Poitou. Rapport sur la guerre de la Vendée par Richard et Choudieu, Guerre de la Vendée et des chouans,
par Lequinio, Manifeste des royalistes des provinces de
l'Ouest, Les brigands de la Vendée en évidence, Histoire
du terrorisme dans le département de la Vienne, par Thibaudeau et divers écrits des députés, etc., 36 pièces in-8.
br.

671. **PUY-DE-DOME** (Cantal). Avis aux députés du Cler-
montois, 128 p. La lanterne sourde ou la Conscience de
M. Bonal, évêque, Rapports, discours et autres écrits de
Bancal, Couthon, Dulaure, Maignet, Malouet, Montlosier,
Romme, Thévenin, Lacoste, Thibault, etc., 40 pièces
in-8. br.

672. **RHIN** (Bas- et Haut-Rhin). Cahier du clergé de Schle-
stadt et de Colmar, Précis sur la situation de Strasbourg,
Protestation des officiers du conseil souverain d'Alsace,
Le dîner patriotique d'Alsace, Acte d'accusation contre
Dietrich, Frédéric Dietrich à ses concitoyens, Fausseté
de l'aristocratie d'Huningue, Divers écrits de Dentzel,
Johannot, Koch, Lambert, etc., 42 pièces in-8 et in-4. br.

673. **RHONE ET LOIRE.** Cahier de l'ordre de la noblesse
de la sénéchaussée de Lyon, Procès-verbal des événements passés à Lyon les 29 et 30 mai 1793, Grande conspiration découverte par les commissaires Legendre, Ba-
zire et Rovère, Rapport et pétition sur les troubles arrivés
à Lyon et autres relatives aux événements, plus divers
écrits de Bergasse, Cusset, Duvant, Imbert-Colomès,
Jordan (Camille), Lanthenas, Michet, Morellet, Pointe
(Noël), Roland, etc., 70 pièces in-8 et in-4. br.

674. **SAONE-ET-LOIRE.** Divers écrits sur le département
et autres, Émanant de Baudement, Carra, Masuyer, Mont
Gilbert, Talleyrand, etc., 25 pièces in-8. br.

675. **SARTHE.** Procès-verbaux de l'ordre de la noblesse du
Maine, Massacre occasionné au Mans par le retour des

députés, Arrêté du Conseil général de la Sarthe sur les troubles religieux, 9 pièces de Philippeaux, etc., 20 pièces in-8 et in-4. br.

676. **SEINE-ET-MARNE.** Cahier de l'ordre du clergé des bailliages de Melun et More, Écrits des députés de ce département, etc., 21 pièces in-8. br.

677. **SEINE-ET-OISE.** Cahier de la paroisse de Voisin-le-Bretonneaux, Cahier du Tiers-État du bailliage de Choisi-le-Roi, Cahier et vues patriotiques des habitants de Clamart-sous-Meudon, encore la Vendée, Lettre au général Hoche, Les crimes des sept membres des anciens comités de Salut public, par L. Lecointre. La grande queue de L. Lecointre, Divers écrits de Chénier, Clary, Gorsas, Goujon, Hérault Séchelles, L. Lecointre, Tallien, Treilhard, Kersaint, etc., 83 pièces in-8 et in-4. br.

678. **SEINE-INFÉRIEURE.** Précis de ce qui s'est passé au Parlement de Rouen, Copie de l'expédition de l'acte de déclaration d'une partie de la noblesse du bailliage principal de Rouen, Adresse des communes de Normandie sur le jugement de Louis XVI, Avis aux Normands, Grand empoisonnement d'un diacre de Rouen, par M. Thouret. Contre-Révolution tentée par les prêtres en Normandie, Rapports et autres écrits d'Albitte, Blutel, Baudot, Bourgois, Faure, etc., 56 pièces in-8. br.

679. — Procès-verbal des séances de l'Assemblée provinciale de Rouen, 1787, 1 vol. in-4 de 416 p. Procès-verbal des séances de l'Assemblée provinciale tenue à Caen 1788, 1 vol. in-4, 370 p. et 10 pièces in-4. br. Sur les Assemblées provinciales de Normandie.

680. **SOMME.** Cahier du Tiers-État et de la noblesse de la sénéchaussée de Ponthieu, Pièces et actes servant à la dénonciation contre le tribunal d'Amiens, Exposé de la conduite des membres composant le comité de la milice citoyenne d'Amiens, Les municipaux d'Auxy-le-Château à la Convention, Détail d'une grande insurrection arrivée dans la ville d'Amiens, Le loup dans la bergerie ou Examen d'un discours prononcé par M. Mercier, curé de Ham, Deux lettres à M. Desbois, évêque. Divers écrits des députés de la Somme, etc., 39 pièces in-8 et in-4. br.

681. **VAUCLUSE.** De la restitution du comté Venaissin des ville et état d'Avignon, Les Avignonais au peuple français et à l'Assemblée nationale, Justification des Avignonais, Mémoire instructif sur les troubles d'Avignon, Grande conspiration des aristocrates de Carpentras, Quels sont les droits du pape sur la ville et l'état d'Avignon? Pétition à la Convention des citoyens de la commune d'Avignon, Victimes de la faction, Robespierre et autres écrits intéressants, 26 pièces in-8. br.

682. **VENDÉE.** Rapport sur la Vendée, par Richard et Choudieu, 78 p. Choudieu à ses collègues, Rapport sur les événements de la guerre de la Vendée, par Momoro, 74 p. Campagne de la Vendée du général Westermann, Interrogatoire de ce dernier, Sandoz, adjudant-général, à ses concitoyens. La guerre de la Vendée et les causes de son renouvellement, 50 p. in-18, etc., 7 pièces in-8. br.

683. — Rapport de Benaben, commissaire du département de Maine-et-Loire, an III. Rapport et observations de Hentz et Francastel, Mémoire pour Grignon, général divisionnaire de l'armée de l'Ouest, Mémoire politique et historique des insurrections de l'Ouest, Réponse du général Tuncq à d'Aubigny et à ses concitoyens, d'Aubigny à Philippeaux, Encore la Vendée première lettre au général Hoche, par Vial, etc., 12 pièces in-8. br.

684. — Les brigands de la Vendée en évidence, par Senar, 83 p. La théorie des conspirations ou Réponse des patriotes de Tours à l'ouvrage précédent, 97 p. à la Convention, par Senar, 3 pièces in-8. br.

685. — Causes de la guerre de la Vendée et des chouans, par Ant. Vial, *Angers, an III*, 1 vol. in-8. br.

686. — Mémoires pour servir à l'Histoire de la guerre de la Vendée, par le général Turreau, *Evreux, an III*, 1 vol. in-8. br.

687. — Guerre de la Vendée et des chouans, par Lequinio, représentant du peuple, *Paris, an III*, 1 vol. in-8. portr. br.

688. — Histoire de la guerre de la Vendée ou Tableau des guerres civiles de l'Ouest de 1792 à 1815, par Beauchamp, 4ᵉ édition, 1820, 4 vol. in-8. br.

689. — Histoire des guerres de la Vendée et des chouans, de de 1792 à 1815, par Bourniseaux, 1819, 3 vol. in-8, carte, br.

690. Mes rêves dans mon exil ou Coup d'œil politique et militaire sur la Vendée, par Hector Legros, *Blois, an III*, 88 p. Mémoires et pièces justificatives de Cormatin et coaccusés, 68 p., 2 pièces in-4. br.

691. — Pièces contre-révolutionnaires du commencement de l'insurrection vendéenne, publiées par Benjamin Fillon, *Fontenay* 1847, in-8 de 88 p. papier fort. br.

692. — Vendée en 1815 (Recueil d'écrits sur la), 12 pièces in-8. br.

693. **VOSGES.** Instructions et cahier du hameau de Madon, la papillote ou Mandement de l'évêque de Madon, Divers écrits de Balland, Bresson, Couhey, François de Neufchâteau, Mengin, Poulain-Grandpré, Souhait, etc., 88 pièces in-8. br.

694. **YONNE.** Cahier des pétitions de la noblesse du bailliage d'Auxerre, L'aristocratie vaincue ou Récit de ce qui

s'est passé à Auxerre, Recueil de pièces patriotiques à
l'occasion de la fête de l'Etre suprême, qui a lieu à
Auxerre et à Paris, Divers écrits de Bernard d'Airy,
Bourbotte, Boilleau, Delaporte, Hérard, Lepeletier,
Maure, Turreau, etc., 36 pièces in-8. br.

695. — Cahiers des vœux des trois ordres, Clergé, Noblesse
et Tiers-État, de tous les bailliages et sénéchaussées de
la France aux États généraux en 1789, 145 pièces réunies en 9 vol. in-8. d. rel. Plus la liste des bailliages, 1 vol.
in-4 de 88 p. br. Cette collection est classée par ordre
alphabétique.

696. **COLONIES.** Mémoires sur le commerce de la France
et de ses colonies, 1789, 1 vol. in-4. rel.

697. — Rapport de Barnave sur les colonies, 1791. Examen
du rapport, 134 p. Nouvel examen du rapport, 108 p.
Barnave convaincu d'infidélité dans son rapport, 4
pièces in-8. br.

698. — Saint-Domingue, Troubles de 1789 à 1793, Conspirations, Dénonciations, Rapports de Jules Raymond,
Tarbé, Discours de Brissot, Cocherel, etc., 88 pièces
in-8. br.

699. — Nouvelles de Saint-Domingue, de août à octobre 1790,
27 numéros de 16 p. in-4 et 20 pièces relatives aux îles
de l'Amérique, le tout en 2 vol. in-4. d.-rel.

700. — États des finances de Saint-Domingue, par Barbé Mar-
bois et Proissy de 1785 à 1790, 3 mémoires, ens. de
plus 150 p. Éloge du comte d'Ennery, 154 p. Mémoire
laissé par Barbé-Marbois, 54 p. Délibérations de Saint-
Pierre Martinique, 107 p. Adresse de la Société des
amis des noirs, 1791, 128 p. etc., environ 20 pièces
en 2 vol. in-4. br.

701. — Mémoire de La Luzerne, envoyé le 18 juin 1790, in-4.
Lettres au comité colonial, 1788, gr. in-8 de 148 p. Dé-
nonciation de La Luzerne, par Gouy, in-8 de 300 p., et
Réplique de La Luzerne, in-8 de 140 p., 4 vol. br.

702. — Vie de Toussaint-Louverture, 1802, 74 p. in-8. portr.
Précis de la révolution de Saint-Domingue, par Claus-
son, 1819, in-8 de 155 p. Mémoire justificatif de l'arche-
vêque Thibaud, 1793, 280 p. Histoire de la république
d'Haïti, par Gastine, 1819, 264 p., 4 vol. in-8. br.

703. — Recueil de vues des lieux principaux de la colonie de
Saint-Domingue, 1791, 30 grav. en 1 vol. in-fol. cart.

704. — Martinique, Guadeloupe, Tabago, Iles du Vent, etc.,
57 pièces in-8. br., dont 4 vol. Relatifs aux troubles qui
ont eu lieu dans ces îles pendant la Révolution.

705. — Voyage à la Martinique, (par Thibault de Chavalon),
1763, 1 vol. in-4. rel. v.

706. — Description géographique de la Guyane, 1763, 1 vol.
in-4. cartes et fig. rel. v.

707. — Description géographique des îles Antilles, 1758, 1
vol. in-4. rel. cartes.

708. **BELGIQUE.** Exposé de la révolution de Liége en 1789,
Mémoires du baron de Capellen de Marsh, 1790. Mé-
moires historiques et politiques sur la révolution de
Belgique, par Publicola Chaussard, 1793, 4 vol. in-8. br.

709. — L'espion Belgique ou Histoire impartiale de ce qui
s'est passé d'intéressant dans la révolution des Pays-Bas,
Londres 1791, 1 vol. in-12 avec 2 fig. curieuses. Histoire secrète et anecdotique de l'insurrection Belgique,
ou Vander-Noot, drame historique en 5 actes, *Bruxelles*
1790, 2 vol. in-8. br.

710. **BELGIQUE ET HOLLANDE.** Documents sur la Révolution de 1792 à 1798, dont plusieurs en langue hol-
landaise, environ 125 pièces in-8. br.

711. **ÉTATS EUROPÉENS** et autres, Angleterre, Allemagne, Prusse, Suisse, Savoie, Turquie, etc., 62 pièces
in-8. br. Réunion historique intéressante.

712. — Mémoires, dépêches, correspondances et conférences
pour servir d'instruction à M. le comte de Brancas, ministre plénipotentiaire de S. M. le roi de France auprès
du roi de Suède, du 6 juin 1725 au 25 mars 1727, 4 vol.
in-fol. rel. v. filets, avec le cartouche du comte de Brancas collé sur le verso de la couverture.

Journaux.

713. Accusateur (l') public, par Richer-Sérisy, an IV et an V,
34 numéros formant la matière de 2 vol. in 8, en livraisons. Manque le n° 35 ; le n° 13 n'a jamais paru.
   On a ajouté à cet exemplaire : Richer-Sérisy au Directoire, an VI, 48p. Éloge de Richer-Sérisy, 1817, 53 p.
Richer-Sérisy aux auteurs et acteurs de la Révolution,
1817, 36 p. Conséquences immédiates des écrits de l'accusateur public, 1817, 41 p., le tout br.

714. Actes (les) des apôtres, par Peltier, Champcenetz, Rivarol et autres, commencés le jour des morts et finis le
jour de la purification, de 1789 à octobre 1791, 300
numéros, 10 vol. in-8. d.-rel. Il faut, pour être complet, avoir 311 numéros et 6 petits paquets de 4 p. ; ce
11e vol. manque à beaucoup d'exemplaires.

715. Affiches, annonces et avis divers ou Journal général de
France, du 1er janvier 1787 à l'an IV (1795). Journal
quotidien de 8 p. in-8, en numéros classés par année,
formant environ 60 vol. br.

716. Ami (l') de la Convention et le Défenseur du peuple, par

Baralère, du 3 au 13 vendémiaire an III, 13 numéros
de 8 p. in-8, en feuilles complètes, dirigé contre les
Jacobins.

717. Ami (l') des citoyens, par Tallien, continué par Mehée,
du 1er brumaire au 30 pluviôse an III, 120 numéros de
8 p. in 8, sans interruption, formant la matière de 2
vol., du n° 121 au n° 166 (5 avril 1795), de format petit
in-4; il semble manquer, dans cette dernière série, le
n° 134. Plus complet que celui mentionné par Deschiens,
sous le titre de *Spectateur français.*

718. Ami (l') des patriotes ou le Défenseur de la Révolution,
par Duquesnoy et Regnault de Saint-Jean d'Angely, du
1er décembre 1790 au 4 août 1792, journal paraissant
une fois par semaine, par cahiers de 40 p. in-8, 1re série, 48 numéros; manquent les n°s 28–38 et 46; 2e série, 44 numéros; manquent n°s 1 à 6, 8, 11 et 35, formant 6 vol. in-8, en feuilles.

719. Ami (l') du peuple, par Marat, du 12 septembre 1789 au
21 septembre 1792, 685 numéros de 8 p., il manque
environ 150 numéros. Journal de la République, du 25
septembre 1792 au 11 mars 1793, 143 numéros, manquent 17 numéros. Publiciste de la République, faisant
suite au journal précédent, du n° 144 au n° 242, 14
juillet 1793. Complet, le tout en feuilles, plus un petit
paquet de faux numéros.

720. Ami (l') du peuple, par Lebois, du 29 fructidor au 16
germinal an III, 72 numéros de 8 p. in-8, en numéros,
conforme à la nomenclature de Deschiens pour cette série, mais plus tard il a reparu in-4.

721. Ami du peuple (le véritable), par un sacré B..... de sans-
culotte qui ne se mouche pas du pied, F....., et qui le
fera bien voir (par Marcandier), du 10 mai au 26 juillet
an II, 11 numéros de 8 et de 16 p. in-8, en feuilles. Complet. Style et cynisme révolutionnaires dépassant le
père Duchêne; l'auteur dit dans sa feuille qu'il a été se-
crétaire de Cam. Desmoulins.

722. Ami (l') du roi des Français, de l'ordre et surtout de la
vérité, par Montjoie, du 1er septembre 1790 (n° 94) au 4
mai 1792, 3 vol. in-4. d.-rel.

Nous renvoyons pour plus de détails sur ce journal à
la Bibliographie des journaux, où il est question de trois
amis du roi. Cet exemplaire serait le second, mais incomplet du 5 mai au 10 août 1792.

723. Analyse des papiers anglais, du 14 novembre 1787 au 6
mai 1788, 50 numéros de 24 p., 2 forts vol. in-8 en cahiers. Ce journal, non cité par Deschiens, est attribué
à Mirabeau. Il manque le n° 33.

724. Annales patriotiques et littéraires, par Mercier et Carra,
du 1er juin 1790 au 30 avril 1793, 5 vol. in-4. br.

Ce recueil a commencé en 1789 et s'est continué jusqu'en l'an V.

725. Anti-Fédéraliste (l') ou le Correspondant des sociétés populaires et des armées, par Payan, Fourcade et Julien, du 1er octobre 1793 au 30 nivôse an II, 2 vol. petit in-4 en numéros de 8 p.

Il y a des lacunes dans les 40 premiers numéros.

726. Apocalypse (l') de mars 1790 à mars 1791, 56 numéros de 16 p., en 1 fort vol. in-8. d.-rel. On trouve dans ce journal les mêmes saillies d'esprit anti-révolutionnaires que dans les actes des apôtres. Deschiens n'a connu que 50 numéros.

727. Arétin (l') français, avec cette épigraphe : *Non vultus, non colos unus*, 3 numéros in-8. br.

Journal contre-révolutionnaire.

728. Argus (l') patriote, par Theveneau de Morande, du 8 juin 1791 au 31 mai 1792, 94 cahiers de 32 p. in-8, formant la matière de 6 vol., d'une parfaite conservation. Couvertures imprimées. Complet.

729. Aviseur (l') national, du 1er janvier (n° 1) au 16 juin 1793, 53 numéros in-8, br., manquent nᵒˢ 16-27.

730. Batave (le) ou le Nouvelliste étranger, journal quotidien in-4 de 4 p., du 15 février au 6 juillet 1793, en numéros.

Nous ne possédons que 37 numéros de ce journal non cité par Deschiens.

731. Bulletin décadaire de la République française, de vendémiaire à messidor an VII, 30 numéros de 24 p., 1 vol. in-8. br. Il manque 6 numéros.

732. Bulletin de la Convention, placards gr. in-fol., février, mars, avril et août 1793, 2 liasses, dont une de doubles, et 3 vol. in-8. br.

733. Bulletin républicain, papiers nouvelles de tous les pays, 1795, 75 numéros divers de 4 p. in-4.

734. Bulletin du tribunal révolutionnaire, par Clément et autres, in-4, en feuilles.

1792,	58 numéros et tables.	
1793, 1ʳᵉ série,	100	numéros
1793, 2ᵉ »	100	»
An II, 3ᵉ »	11	»
An II, 4ᵉ »	100	»
An II, 5ᵉ »	2	»
An III, 6ᵉ »	100	»
An III, 7ᵉ »	21	» Suppᵗ an 19ᵉ.

Procès de Fouquier-Tinville, 48 numéros.

Le tout bien complet et dans le plus parfait état de conservation, sauf le Procès de Fouquier-Tinville, auquel il manque les nᵒˢ 37, 45 à 48.

735. Bulletin du tribunal révolutionnaire, du 6 avril au 6 sep-

tembre 1793, 1ʳᵉ partie complète, 100 numéros in-4. br.

736. Cancans (les), par Bérard, publiés en 1831-1832, 1ʳᵉ série, 52 numéros ; 2ᵉ série, 9 numéros. Cancans bretons, 9 numéros. L'Espérance, journal du peuple, 15 numéros. La Foudre, 3 numéros, et autres publications non numérotées. Le tout en 1 vol. in-8. br.

737. Cercle (le) social, du 9 janvier au 18 mai 1790, 14 livraisons de 32 p., non cité. La Bouche de fer, par Fauchet et Bonneville, du 1ᵉʳ octobre 1790 au 1ᵉʳ avril 1791, 1ᵉʳ vol., 36 numéros de 16 p. ; 2ᵉ vol., 37 numéros, formant ensemble 3 forts vol. in-8. br. Manquent au 2ᵉ vol. les nᵒˢ 24, 25, 34 et 36. Selon Deschiens, ce journal se serait continué jusqu'au 28 juillet 1791.

738. Chronique de Paris, par Condorcet, Rabaut Saint-Etienne, Ducos, etc., du 24 août 1789 au 25 août 1793, 8 vol. in-4. d.-rel. Complet. Plus 1 vol. in-4. br. de supplément pour les spectacles, 1/2 feuille s'ajoutant aux numéros du 31 mars au 10 août 1792. Non cité par Deschiens.

739. Chronique scandaleuse, 1789, 33 numéros in-8 de 8 p., 1 vol. en feuilles. Complet.

740. Club des observateurs, 1789, 7 livraisons de 40 p., 1 vol. in-8. br. *Complet.*

741. Cordelier (le vieux), par Baillio, vers la fin de l'an II, 6 numéros de 8 p. in-8. On sait que les 3 derniers numéros de ce petit journal sont rares.
Deschiens n'en a connu que 3.

742. Correspondance des représentants du peuple, du 1ᵉʳ vendémiaire au 2 frimaire an VII, 62 numéros de 4 p. in-4. br. La Lumière, 6 numéros br. à la fin du vol.

743. Correspondance entre les citoyens qui ont été membres de l'Assemblée constituante, par Dupont de Nemours et autres, de septembre 1791 à février 1792, 19 cahiers de 72 p., 3 vol. in-8. br.
Cité par Deschiens, mais sans désignation.

744. Correspondance politique des véritables amis du roi et de la patrie, du 18 janvier au 7 juin 1792, 57 numéros, *pour faire suite :* Correspondance (nouvelle) politique ou Tableau de Paris, du 31 mai au 9 août 1792, 36 numéros. Journal paraissant tous les deux jours, de 4 p. in-4. formant 1 vol. en numéros. Complet.
Cette feuille, dévouée au roi, a pour épigraphe : *Dieu qui forma Louis, veille sur ton image.*

745. Cosmopolite (le), journal historique, politique et littéraire, du 15 décembre 1791 au 29 mai 1792. Journal quotidien de 4 p. in-4. br. Environ 3 vol. de doubles et triples (lacunes).

746. Courrier de l'Aurore ou Journal national et étranger, du 6 avril au 12 juin 1790, 67 numéros de 8 p., formant 1 vol. in-8 de 546 p. br.

Deschiens cite ce journal sans indiquer le nombre de numéros.

747. Courrier de Versailles à Paris, ensuite : Courrier des 83 départements, par Gorsas, du 5 juillet 1789 au 31 mai 1793, 48 vol. in-8. br. non coupés. Complet.

Très-bel exemplaire de ce volumineux journal, qui, après avoir été été agressif contre la cour, a contribué puissamment à la révolution du 10 août 1792 ; son auteur fut proscrit comme Girondin, puis condamné et exécuté.

748. Courrier de Versailles à Paris et de Paris à Versailles, par Gorsas, du 5 juillet 1789 (n° 1) au 31 mai 1793, 29 vol. in-8. br. Manquent les tomes 1, 2, 3 de la Convention.

749. Courrier national, par Pussy, du 4 mai au 12 octobre 1789, 146 numéros, 2 vol. ; *pour faire suite :* Courrier de Madon, du 2 novembre 1789 au 29 septembre 1790, 8 vol. in-8. d.-rel.

Exemplaire plus complet que celui mentionné par Deschiens.

750. Courrier républicain, par Poncelin, du 11 avril 1794 au 1er juillet 1797, formant environ 10 vol. in-8. br.

Ce n'est qu'une partie de ce journal auquel il faut 48 vol.

751. Défenseur (le) de la Constitution, par Robespierre, du 1er juin au 10 août 1792, 12 cahiers de 60 p. in-8. br. Manq. 6 et 12.

752. Défenseur (le) de la liberté, par Moithey, 1789-1790, 48 numéros, grav. et portr., 1 vol. in-8. rel. bas. Complet.

753. Déjeuner (le) ou la Vérité à bon marché, par Mirabeau jeune, 7 numéros in-8. br.

754. Dîner (le) ou la Vérité en riant, par le même, 7 numéros in-8. br.

755. Drapeau (le) blanc, par Martainville, 1819, 2 vol. in-8. d.-rel. Complet. Épigraphe : *Vive le roi quand même.* A la fin se trouve un plaidoyer pour le maréchal Brune.

756. Duchéne (le père), grande joie, grande colère, par Hébert. C'est là le véritable père Duchéne, avec des fourneaux renversés à la fin de chaque numéro de 8 p. in-8, et une vignette en tête où on lit : *Memento mori.* 136 numéros divers, partant des n°s 124 à 355, formant environ 3 vol. in-8, en feuilles.

On sait la rareté de ce curieux et célèbre journal, dont les numéros séparés sont recherchés. Voir, pour plus de détails, l'histoire de cette feuille et de son auteur, par M. Ch. Brunet, 1 vol. in-18, publié chez M. France, libraire.

757. Du même père Duchéne. 36 numéros in-8, en feuilles, doubles des précédents.

758. Duchêne (le père), Grand tocsin, Grand testament, portant
n° 9 et 10, in-8 de 8 p., avec vignette. Grand *Te Deum*,
vignette. Lettre du père Duchêne aux ouvriers et aux do-
mestiques, 1791, 2 part., 24 p. C'est foutu, le commerce
ne va plus, 8 p. Je m'en fous, 8 p. Tu ne t'en foutras
pas, et moi je m'en contrefouts, 1790, 16 p. Profession
de foi du véritable père Duchêne, 8 p., ens. 8 pièces
in-8. br

759. Duchêne (le père), 7 numéros de 8 p. in-8. br., avec une
vignette représentant le père Duchêne, une longue pipe
d'une main et une bouteille de l'autre. Chaque feuille
non numérotée porte un titre différent, comme celles
de Hébert.

760. Jugement de Necker rendu par le père Duchêne, Colère,
Grandes réflexions, Fureur du père Duchêne, Dialogue
entre le père Duchêne et Carra, Grand manifeste, la Confession, Grande joie, Le père Duchêne nommé président
du club des Jacobins, Arrivée du père Duchêne aux Enfers, etc., 15 pièces in-8. br.

761. La confession et le mariage du père Duchêne, Grand et
véritable détail de ce qui s'est passé aux Tuileries le 10
août, par Hébert. Histoire de la conjuration du père Duchêne, 8 p., 2 édit. avec vignettes différentes, La grande
colère du père Duchêne en voyant tomber sa tête par
la fenêtre nationale, Le père Duchêne, complainte par
Dussault, 2 p., 7 pièces in-8. br.

762. Le tocsin du père Duchêne, Le canon d'alarme, Grand tin-
tamarre, Grande visite à Barras, etc., 8 pièces in-8. br.,
de 8 p. chacune.

   Tous ces pamphlets, dirigés contre le Directoire, ont
en tête une gravure différente et sont signés Lebois.

763. Duchêne (l'arrière-petit-fils du père), par Cauvin, 2 numéros, le 1er de 16 et le 2e de 8 p., journal en vers. Confession du père Duchêne, par le même, 4 p. in-8. br.

764. La résurrection du véritable père Duchêne foutre ! du
3 pluviôse an V, 5 numéros, de chacun 8 p. in-8. br.

   Ce journal, rédigé par Labisol, n'est pas mentionné
par Deschiens.

765. Au diable les jureurs, Etrennes de la mère Duchêne, Le
drapeau rouge, Grande colère, Grand jugement, Mar-
chez droit f..., et autres pièces du même genre, 13 pièces
in-8. br.

766. Etrennes de la mère Duchêne, Vivent le roi, la reine et
leur chère famille, 1792. Le drapeau rouge de la mère
Duchêne, 1792. Grand jugement, Grande colère, Dialogue entre le père Duchêne et la mère Duchêne, Grande
colère, pamphlets publiés sous le Directoire, 6 pièces
in-8. br.

767. Ephémérides de l'Assemblée nationale, septembre 1789, 30 numéros, 1 vol. in-8, d.-rel., 2ᵉ série non citée.

768. Feuille de correspondance du libraire ou Notice des ouvrages publiés dans les journaux, etc., 1791, 15 numéros formant 1 vol. de 416 p. in-8, en feuilles. Deschiens ne cite que 2 numéros.

769. Folies d'un mois, A deux liards mon journal, du 1ᵉʳ octobre 1791 à mai 1792, 7 mois de 30 numéros de 8 p. in-8, et le huitième mois 26 numéros, formant 2 vol. in-8, en feuilles.

Selon la bibliographie des journaux, il manquerait à cet exemplaire le nᵒ 27 du huitième mois. Ce petit journal, fort amusant, est dirigé contre la Révolution.

770. Fouet national (le), du 22 septembre 1789 à la fin de mars 1790, 19 numéros de 30 p. en 1 vol. in-8, d.-rel. Complet.

771. Fusée (la) volante, par Dusaulchoy, an III, 8 numéros de 16 p. in-8 non coupés. Complet.

Ce curieux journal contient beaucoup de poésies et chansons satyriques.

772. Gazette (la) d'Amsterdam, du 2 octobre 1789 au 29 octobre 1790, 1 vol. petit in-4. br.

773. Gazette de Paris, par de Rozoy, du 1ᵉʳ janvier 1790 au 10 août 1792, 5 vol. in-4, d.-rel., le 5ᵉ br., journal d'un royalisme ardent et qui fit condamner son auteur à mort. Cette feuille a commencé en 1789.

774. Gazette du département du Nord, 1793, environ 85 numéros de 4 p. in-4, impr. à Lille. Gazette liégeoise, 1793, 15 numéros de 4 p. in-4, le tout br.

775. Gazette nationale de France, du 5 décembre 1792 au 20 juin 1793, 1 fort vol. in-4 en numéros.
Il y a des lacunes.

776. Gazette officielle, du 14 juillet 1815 au 27 juillet 1816, 81 numéros de 4 p. in-4. br. Complet.

777. Gazette universelle ou Papiers nouvelles de tous les pays et de tous les jours, par Cerisier, du 1ᵉʳ décembre 1789 au 8 août 1792, époque à laquelle son auteur a été condamné à mort, 5 vol. in-4. d.-rel., le 5ᵉ br. Il manque novembre et décembre 1791.

778. Gazette universelle ou Tableau politique de la France et de l'Europe, du 1ᵉʳ juillet 1794 au 3 octobre 1795 (nᵒˢ 224 à 320), journal quotidien de 4 p., 1 vol. in-4 en numéros. *Non cité.*

779. Gazettier cuirassé, 1790, 9 cahiers in-8. br., formant ensemble 320 p.
Deschiens en annonce 10.

780. Grands (les) hommes du jour, 1790-1791, 3 part. formant 375 p. Liste complète des députés aux Etats généraux, 160 p. avec carte, le tout en 1 vol. in-8. d.-rel.

781. Janus, 1787, 22 numéros de 4 p., petit in-4 en numéros. *Texte hollandais.*

782. Jean-Bart ou suite de Je m'en fouts, 1790-1791, 80 numéros divers de 8 p. in-8, en part. rog.

783. Je m'en fouts ou Pensées de Jean-Bart sur les affaires d'Etat, *Genève* 1790, 3 vol. in-18, portr. de Jean-Bart, br.

784. Journal de l'autre monde, suivi du Jugement infernal du père Duchêne et Comp. au tribunal de Pluton, *l'an mil sept cents de tous les diables*, 2 livraisons de 32 p. et une grav. en tête de chaque livr. Manque le 3ᵉ numéro.

785. Journal de la liberté de la presse, par Gracchus Babeuf, du 17 fructidor an II au 13 pluviôse an III, 32 numéros de 8 p. in-8, en feuilles (il en faut 43). Gr. Babeuf, tribun du peuple à ses concitoyens, 8 p. in-8. br.

786. Journal de la Montagne, par Laveaux, Rousseau et autres, de 1793 à l'an III, environ 200 numéros formant 2 forts vol. in-4. br. Il y a des numéros doubles et triples.

787. Journal de la ville, par Luchet, du 1ᵉʳ août au 30 septembre 1789, 63 numéros, 1 fort. vol. in-8 de 496 p. br. Complet.

788. Journal de la ville et des provinces ou le Modérateur, par Fontanes, du 1ᵉʳ octobre 1789 au 10 août 1792, 5 vol. in-4. cart. rog. (Complet), épig. *Deo, patriæ, regi.*

789. Journal de Paris, par Condorcet, Regnaud de Saint-Jean d'Angély, Rœderer et autres, du 1ᵉʳ janvier 1787 au 2 frimaire an VII (1799), 27 vol. in-4. br. C'est toute la partie importante de ce journal qui a commencé en 1777.

790. Journal de la seconde législature, par Etienne Feuillant, du 26 novembre 1791 au 20 septembre 1792 (il y a des lacunes). Ensuite Journal de France, par le même, du 21 septembre 1792 au 31 mai 1793, nᵒˢ 1 à 251 sans interruption, journal quotidien de 4 p. in-4, formant environ 3 forts vol. en numéros.

Nous avons peu de renseignements bibliographiques sur ce journal. Les numéros des mois d'août et de septembre 1792 s'y trouvent.

791. Journal de Suleau, 1791-1792, 12 livraisons de 78 p. in-8. br., et une introduction de 32 p.; plus le 1ᵉʳ numéro du deuxième abonnement (Complet), et d'une conservation parfaite.

792. Journal de Versailles, par Regnaud Saint-Jean d'Angély, du 6 juin 1789 au 14 juin 1790, 213 numéros de la 1ᵉʳ série et 14 de la 2ᵉ, 2 forts vol. in-4. br.

Ce journal s'est continué jusqu'au 31 décembre 1790.

793. Journal des amis de la Constitution, par Choderlos de Laclos, du 31 octobre 1790 au 24 mai 1791, 26 livraisons de 48 p. in-8. br., et le prospectus, avec la liste des membres. C'est la formation de la Société des Jacobins; il faut 41 livraisons.

794. Journal des débats et jugements du tribunal criminel ré-

volutionnaire, du 18 août au 15 septembre 1794, 23 numéros de 4 p. in-4. Deschiens n'a cité que 15 numéros de cette feuille, dans laquelle on voit les hauts faits de la réaction thermidorienne.

795. Journal des États généraux, par Lehodey, du 17 avril 1789 au 31 janvier 1791, 20 vol. in-8. d.-rel. Ce journal a continué jusqu'au 10 août 1792 sous le titre de Logographe.

796. Journal des Jacobins, des débats et de la correspondance, une forte liasse de 1793, formant la matière de 4 vol. in-4 en numéros doubles et triples.

797. Journal des hommes libres de tous les pays, par Ch. Duval et autres, du 1er messidor an VII au 30 brumaire an VIII, formant 4 séries; la 1re, 77 numéros in-4 de 4 p. (Complète); 2e, 53, manq. les nos 22, 32, 36, 43, 44; les 2 autres séries sont incomplètes. Le tout formant 4 vol. in-4 en numéros.

Journal rare et difficile à compléter.

798. Journal des laboureurs, par Lequinio, du 21 avril 1790 au 12 mars 1792, 48 numéros de 16 p. in-8, en feuilles; plus les nos 62, 63 et 65, manq. les nos 2 et 3. Deschiens ne cite que 4 numéros.

799. Journal des lois, par Gallety, du 19 janvier 1793 au 14 octobre 1795 (nos 70 à 1096), journal quotidien de 4 p. in-4 en numéros formant environ 6 vol. Il y a quelques lacunes. Selon la bibliographie des journaux, cette feuille aurait commencé en octobre 1792 et fini au n° 983.

C'est ce journal qui le premier a dénoncé la tannerie de peau humaine à Meudon et qui a osé en accuser le comité de Salut public. Gallety, accusé à son tour, se justifia par la représentation d'un exemplaire de la Constitution de 1793, reliée en peau humaine.

800. Journal des rieurs ou le Démocrite français, par Martainville, an III, 12 numéros de 8 p. in-8, en feuilles. Complet.
Épigraphe : *Rire de tout, c'est ma folie.*

801. Journal du bonhomme Richard, par Lemaire, du 1er messidor an III au 4 brumaire an IV, 101 numéros de 8 p. in-8, formant la matière de 2 vol., en feuilles.

Cette série est sans lacune, mais ce journal s'est continué jusqu'au 14 floréal an IV.

802. Journal du diable, par Labenette, du 26 mars au 12 octobre 1790, 83 numéros de 8 p., 1 vol. in-8. rel. bas. Complet. Parmi les épigraphes se trouvent celles-ci :
Ah ! si le roi lisait mon journal !
Ah ! si les Parisiens connaissaient le diable !
Ah ! si la reine lisait mon journal !

803. Journal du journal de Prudhomme ou Petites observations sur de grandes réflexions, 15 numéros de 16 à 20 p. in-8; plus le n° 21 et le prospectus, 1 vol. br.

Critique amère des Révolutions de Paris, par Prudhomme. Deschiens a cité 15 numéros.

804. Journal du Palais-Royal, de juillet au 5 août 1789, 19 numéros de 8 p. in-8. br. Complet.
Chaque numéro de ce petit journal a une jolie vignette
surmontée d'un bonnet de liberté.

805. Journal du Palais-Royal (petit), 1789, prospectus et 6 numéros de 24 p. in-8. br. Complet.

806. Journal du tribunal révolutionnaire, 4 numéros de 8 p.
in-4, contenant le procès d'Hébert (dit le père Duchêne).
Non cité dans la bibliographie des journaux.

807. Journal en vaudevilles, 1790, 12 numéros de 16 p. in-8
en numéros. Complet.

808. Journal français ou Tableau politique et littéraire de Paris, par Nicolle de Ladevize, journal quotidien, du 15
novembre 1792 au 1er juin 1793, 195 numéros de 4 p.
in-4, en feuilles, formant la matière de 2 vol. in-4. La bibliographie des journaux ne cite que 83 numéros. On
voit par l'extrait curieux qu'en a donné M. Deschiens
que ce journal était le plus grand ennemi de la Société
des Jacobins, manq. les nos 8, 42, 105, 106, 157.

809. Journal général, par l'abbé Fontenay, du 1er février 1791
au 10 août 1792, 223 numéros d'une demi-feuille, 3 vol.
in-4. rel., les 40 derniers numéros sont br.
Voir, pour l'intérêt de ce journal, l'extrait qu'en donne
M. Deschiens.

810. Journal général de France, avril 1789, 5 numéros de 16 p.
in-8. br. Deschiens n'en cite que 4 numéros.

811. Journal patriotique sur la révolution d'Avignon et du
Comté-Venaissin, du 18 avril au 17 juin 1790, 17 numéros de 8 p. in-8, en feuilles. Deschiens n'indique que 4
numéros.

812. Journal politique national des Etats généraux, par l'abbé
Sabathier et ensuite par Salomon, à Cambrai, tiré des
annales de M. R... (Rivarol), 1789 et 1790, 1re série, 18
numéros; 2e série, 24 numéros; 3e série, 8 numéros (cette
3e série n'est pas citée), 3 vol. in-8. br.

813. Journal universel, par Audouin, du 12 novembre 1790 au
24 nivôse an II, 14 vol. in-8, dont 8 br. et 6 rel. Il faut
30 vol. à ce journal, auquel il manque le commencement
et la fin.

814. Journaux incomplets et prospectus, publiés de 1789 à
1800, au nombre de plus de 130 différents (numéros détachés), 6 liasses dont 5 in-8 et une in-4. br.

815. Légende (la) dorée ou les Actes des martyrs, pour servir
de pendant aux Actes des apôtres, du 16 février au 18
mai 1791, 26 numéros de 16 p., 1 vol. in-8. br. Complet.
Intéressant journal rempli de pièces de vers et de

chansons satyriques contre les hommes et les événements
du jour.

816. Lettres à un rentier habitant une solitude au bord de la
mer et ne vivant que de sa pêche, par Barruel-Beauvert,
Paris 1796, 5 numéros in-8. br.

817. Lettres bougrement patriotiques du véritable père Duchêne, par Lemaire, 1790-1791, 400 numéros de 4 p. in-8,
en feuilles, formant ordinairement 8 vol., superbe exemplaire complet, non coupé, auquel on a ajouté : Les vi-
tres cassées, 24 p. in-8. On lit cette épigraphe sur tous
les numéros : *Castigat ridendo mores.*

818. Lettres de Junius, 1790-1791, 8 numéros in-8. br.

819. Lettres de Robespierre à ses commettants, du 10 août 1792
au 15 mars 1793, 1re série, 12 numéros ; 2e série, 10 numéros de 48 p., formant 2 vol. in-8, en livraisons. Complet.

820. Liste véritable des personnes qui seront pendues en 1798
et de celles qui seront portées en triomphe, 4 numéros
de 8 p. in-8. br. Complet.

821. Martyrologe (le) national, 1790, 24 numéros de 32 p.
(complet), *satyres royalistes.* Le tribun du peuple, par
Bonneville, 1789, 166 p., le tout en 1 vol. in-8. d.-rel.

822. Mayeux, journal petit in-fol. d'une feuille et vignette, publié en 1831, 1re série, 32 numéros, manq. 17, 24 et 25 ;
2e série, 31 numéros, manq. 14, 25, 27, 29 et 30 ; plus
13 numéros doubles. Moniteur républicain, petit in-fol.,
8 numéros, manq. le 5e.

823. Menteur (le) ou Journal par excellence, an V, nos 1 à 12
de 16 p. in-8. br. Il faut 48 numéros.

824. Mercure britannique ou Notice historique et critique sur
les affaires du temps, par Mallet Dupan, de août 1798
au 25 mars 1800, 36 livr., 5 vol. in-8. d.-rel. *Complet.*

825. Mercure (le) de France, par Laplace, Dubois-Fontanelle,
Marmontel, Laharpe, Garat, Naigeon, Mallet-Dupan, etc.,
du 6 janvier 1787 au 31 décembre 1792, 6 années complètes, br. en cahiers formant environ 40 vol. in-12,
sans lacunes.

826. Miroir (le) par Beaulieu, du 16 septembre 1796 au 3 septembre 1797, nos 139 à 491, environ 3 vol. in-4 en numéros.

827. Moniteur (avant-) ou Tableau des huit premiers mois de
la Révolution, principalement composé des mémoires de
Bailly, pouvant servir d'introduction au Moniteur, 1805,
1 vol. in-fol. br.

828. Moniteur (le) universel, du 24 novembre 1789 au 21 septembre 1797, in-fol. en numéros, huit années mises en
ordre, complétées et dans le plus parfait état de conservation.

829. Journal universel, publié à Gand pendant le séjour de
Louis XVIII, du 14 avril au 21 juin 1815, 20 numéros de
4 p. in-fol. br.

Collection complète de cette feuille célèbre dont le nom a retenti autrefois à la tribune française.

830. Moniteur de Gand, publié à Gand pendant les Cent-Jours, *Paris*, *Paulin*, 1834, 1 vol. in-fol. br.

Réimpression du précédent.

831. Nouvelles de Saint-Domingue, du 7 août au 1er novembre 1790, 27 numéros de 16 p. in-4. br. (non cité); plus 24 journaux différents (numéros détachés), dont 12 sur Saint-Domingue, quelques-uns imprimés dans cette colonie, et 12 relatifs aux Antilles.

832. Nouvelles politiques, nationales et étrangères, par Suard, Dupont de Nemours et autres, du 1er janvier 1793 au 3 juin 1796, 6 forts vol. in-4. br., manq. le n° 1 de 1793 et 108 et 109 de 1795. Chaque numéro se compose de 4 p.

M. Deschiens fait continuer ce journal, sous différents titres, jusqu'en 1810.

833. Observateur (l'), par Feydel, du 1er août 1789 à la fin de septembre 1790, 181 numéros de 8 p., 3 vol. in-8. br.

Deschiens cite une 2e série de 40 numéros qui semble peu d'accord avec la date du 12 octobre où finit ce journal.

834. Orateur (l') du peuple, par Freron, de 1789 à l'an III, 11 vol. in-8, 8 rel. et 3 br. Il en faut 17.

835. Petite feuille de Paris, au n° 79 elle prend ce titre : Le patriote, par Turbat, du 27 vendémiaire au 12 ventôse an III, 117 numéros de 4 p., formant 1 vol. in-4, en feuilles.

Deschiens n'annonce que 100 numéros.

836. Peuple constituant (le), par Lamenais, du 27 février au 11 juillet 1848, 134 numéros, 1 vol. in-fol. br. Complet.

837. Point (le) du jour, par Barère, du 19 juin 1789 au 2 octobre 1791, 815 numéros et introduction, 27 vol. in-8. d.-rel. Complet.

838. Publiciste (le), par Guizot, Barante, Morellet, Lacretelle et autres, du 16 messidor an VI au 30 ventôse an XI (4 juillet 1798 au 22 septembre 1803), 19 liasses formant 19 vol. petit in-fol. en numéros; série complète de ce journal quotidien, politique et littéraire. Le feuilleton (spectacle imprimé en travers) était rédigé par Mlle de Meulan (Mme Guizot).

839. Quotidienne (la), du 1er janvier 1793 au 20 juin de l'an II, nos 92 à 278. C'est un des journaux qui a été le plus persécuté par le pouvoir révolutionnaire; nous n'avons que la matière d'un vol. in-4, auquel il manque les nos 137, 192 et plusieurs de l'an II.

840. Révolutions de Paris, par Prudhomme, Tournon et Loustalot, du 12 juillet 1789 au 10 ventôse an II, 225 numéros 17 vol. in-8. br. en cahiers. Exemplaire bien complet des titres, grav. et tables, auquel se trouvent ajoutés 4 factums, diatribes des auteurs brouillés, s'injuriant et re-

vendiquant chacun la propriété du journal; plus 4 numéros de Tournon.

841. Révolutions de Versailles et de Paris, dédiées aux dames françaises, du 3 au 29 octobre 1789, 5 livraisons in-8. br., formant 174 p. Complet.

842. Révolutions de France et de Brabant, par Camille Desmoulins, de 1789 au 12 décembre 1791, 104 livraisons d'environ 50 p. in-8. br., formant 8 vol.; plus les numéros 27, 28 et 29 de contrefaçon. Exemplaire bien complet avec toutes les grav. de premières épreuves, les grav. des nos 1, 2, 42, 43 et 79 n'ont jamais paru. On sait que Camille Desmoulins n'a pris aucune part dans la rédaction à partir du no 87 jusqu'à la fin; cette dernière partie, attribuée à Dusaulchoy, n'a pas toutes ses grav.

843. Sabats (les) jacobites, par Marchant, 1791-1792, 75 numéros, 3 vol. in-8 et 3 grav. br. (Complet), journal royaliste très-spirituel.

844. Sabats (les grands) pour servir de suite aux précédents, par le même, 1792, 9 numéros de 16 p. in-8. br. non coupés. Complet.

845. Sapeur (le) sans-culotte, par Maudet, 4 numéros de 8 p. in-8. br.
Ce journal, dont M. Deschiens ne mentionne que 2 numéros, a une vignette en tête; le 4e numéro est dirigé contre les Hébertistes et contient de curieux renseignements sur Hébert.

846. Semaine parisienne, 1792, 9 numéros formant 1 vol. in-8 de 424 p., en feuilles. Deschiens cite ce journal sans indiquer le nombre de numéros.

847. Semaine (la) politique et littéraire, faisant suite aux Révolutions de France et de Brabant, par Dusaulchoy, du 19 décembre 1791 au 6 février 1792, 8 cahiers de 60 p. in-8, plus les nos 12 et 15 br. Incomplet.

848. Sentinelle (la) du peuple, novembre et décembre 1788, 5 numéros de 12 p. in-8. br.

849. Sottises de la semaine, par Séguier, 1790, 32 numéros de 8 p. en 1 vol. in-8. br. Complet. Chaque numéro porte une figure satyrique.

850. Tableau de Paris en vaudevilles, par Pithon, an V, 10 numéros de 8 p. in-8. br., finit le 18 fructidor. Complet.

851. Tableau politique et littéraire de Paris, 5 numéros; puis Correspondance politique de Paris et des départements, journal quotidien, par Nicolle, du 13 juin 1793 au 26 octobre an II, 130 numéros de 4 p. in-4, en feuilles, formant 1 fort vol. Non cité par Deschiens.

852. Tribune (la) des patriotes ou Journal de la majorité, par Camille Desmoulins et Freron, du 30 avril à la fin de mai 1792, 4 livraisons, ens. 204 p. in-8. br. Complet.

853. Trois bossus (les), du 24 décembre 1789 au 9 janvier 1790,
3 numéros in-8. br.

854. Veillées d'un Français, du 26 septembre au 15 novembre
1789, 48 numéros de 8 p. in-8 en feuilles, manq. le n° 39.
Toute cette série est restée inconnue à Deschiens.

855. Vieux (le) cordelier, par Camille Desmoulins, de frimaire
à pluviôse au II, 7 numéros formant 172 p. in-8. br.
Complet.
Le 7e numéro, le plus rare, coûta la vie à son auteur
pour être revenu aux principes de modération.

856. Véridique (le) ou l'Antidote des journaux, d'octobre 1792
à mars 1793, 10 numéros in-4 de 4 p. br., revue critique
et satyrique contre tous les journaux d'alors. Non cité
par Deschiens.

857. Une liasse contenant sept journaux éphémères complets,
in-8. br., dont : Reviseur, 2 numéros ; Libre penseur,
3 numéros ; L'ancien ami du peuple, 2 numéros ; Galerie
des bons et des mauvais, 1 numéro ; La diligence déva-
lisée, 1 numéro, etc.

858. Petits journaux incomplets, une liasse contenant environ
trente-cinq journaux différents, in-8. br., dont : Petit
journal du Palais-Royal, 4 numéros ; Candidats, 4 numéros ; L'ami des ministres, 2 numéros ; L'ami du peuple,
par Leclerc ; Lanterne magique, 3 numéros ; La poule
patriote, Le Reinbler, Le chien et le chat, 2 numéros ;
Sans quartier n° 8, etc., formant ensemble 86 numéros
divers.

---

859. Le mont Glonne ou Recherches historiques sur l'origine
des Celtes, Angevins, Aquitains, etc., par C. Robin, *Paris*
1774, 2 tomes en 1 vol. in-12. br. Une très-légère piqûre
et des mouillures.

860. Recueil de dissertations ou Recherches historiques et critiques sur le temps où vivait le solitaire Saint-Florent au
mont Glonne en Anjou, etc., par de la Sauvagère, *Paris*
1776, 2 vol. in-8. carte et fig. br.

861. Sainte-Simonienne (doctrine et religion), catéchisme des
industriels, par saint Simon, 1824-1825, 3 cah., et autres
écrits sur cette secte, 6 pièces in-8. br.

862. La science cabalistique ou l'Art de connaître les bons gé-
nies qui influent sur la destinée des hommes, *Amiens*
1823, 1 vol. in 8. cart. non rog. *Rare.*

863. Franc-maçonnerie, Sociétés secrètes, etc., 6 vol. et 5 broch.
in-8. br. De l'influence attribuée aux philosophes et
aux francs-maçons, par Mounier, 1801, 1 vol. in-8.
br. Manuel des francs-maçons, 1811, 1 vol. in-12 ; Sta-
tuts et réglements, 1856, in-8 ; Essai sur les illuminés,

par Luchet, 1789, 1 vol. in-8. rel. ; Constitution des Carbonari, par Saint-Edme, 1821, 1 vol. in-8. grav. br. ; Les templiers, par Raynouard, in-8. br. ; Recherches sur l'ordre de Malte, etc.

864. Antiquités (mélanges d'), 15 pièces in-8 br.

865. Sciences (dissertations sur les) et principalement sur la théorie de la terre, 32 pièces in-8. br.

866. Sciences et arts, 35 pièces in-8. br.

867. Peinture, gravure, architecture et sculpture. Essai sur la théorie et sur l'histoire de la peinture, par Hip. Fortoul, 1845. Notice historique sur l'art de la gravure, 1804. Catalogue de tableaux, dessins et estampes composant la collection de feu Léon Dufourny, par H. Delaroche, 1819, 1 vol. in-8 avec 60 grav. au trait, etc., 28 pièces in-8. br.

868. Traité élémentaire, théorique et pratique de l'art de la danse, par Ch. Blasis, *Milan* 1820, in-8 de 124 p. br., avec beaucoup de fig.

869. Choix de nouvelles causes célèbres, avec les jugements qui les ont décidées, par Desessarts, jusqu'en 1782, *Paris* 1785-1787, 15 vol. in-12. br.

870. Plaidoyer de M. Freydier, avocat à Nîmes, contre l'introduction des cadenas ou ceintures de chasteté, *Montpellier* 1750, in-8 de 37 p. dérel. Edition originale.

871. Espion (l') anglais, *Londres* 1779, 10 vol. in-12, dont 6 br. et 4 rel.

872. Le diable dans un bénitier et la métamorphose du gazetier cuirassé, par Pierre Leroux, *Paris*, in-8 de 152 p. fig. br.

873. La cassette verte de M. de Sartine, trouvée chez Mˡˡᵉ Du Thé, *La Haye* 1779, in-8 de 71 p. br. Bel exemplaire.

874. Journée de l'amour ou Heures de Cythère, *à Gnide* 1786, 1 vol. in-8. br., orné de 5 grav. et culs-de-lampe.

875. Mes souvenirs et autres opuscules poétiques de M. Le Gay, 1788, 2 vol. in-18. pap. vél. fig. br.

876. Encyclopédie poétique, publiée par Capelle, 1818, 1 vol. in-48. pap. vél. br.

877. Le paysan et la paysanne pervertis, par Retif de la Bretonne, *La Haye* 1784, 4 vol. in-12. d.-rel. grav.

878. Lettres du tombeau ou les Posthumes, par Retif de la Bretonne, 1802, 4 vol. in-12. br.

879. Lettres des femmes célèbres, Mᵐᵉˢ Pompadour, Chateauroux, Villars, Dumaine, des Ursins, Montpensier, Scudéry, Marie-Stuart, plusieurs personnages illustres de la cour de Louis XV, *Paris*, *Collin*, 1806, 17 vol. in-12. br.

880. La grande danse macabre des hommes et des femmes, *Troyes*, *Garnier*, in-4. br., avec fig. sur bois à chaque page.

881. Ambassade de Hurault de Maisse en Angleterre, par Prevost-Paradol, 1855. Poésies d'Agnès de Navarre-Cham-

pagne, dame de Foix, 1856. Études littéraires et morales de Racine, par Larochefoucauld, 1856. Mémoire sur les nabatéens, par Quatremère, 1835. Vulcain, Recherches sur ce dieu, par Emeric David, 1838. Homère et ses écrits, La vierge au Poisson de Raphaël, Mission divine de Jeanne d'Arc, etc., 10 pièces in-8. br.

882. Lettre à M. Dacier, relative à l'alphabet des hiéroglyphes phonétiques, par Champollion le jeune, 1822. Essai sur le système hiéroglyphique de Champollion le jeune, par J. G. H. Greppo, 1829. Essai sur le symbolisme antique d'Orient, par de Brière, 1847, etc., 5 pièces in-8. br.

883. Dissertation sur le roman de Roncevaux, Notice sur la vie et les écrits de Robert Wace, poëte normand, par Pluquet, *Rouen* 1824, fig. Monographie du coffret de M. le duc de Blacas, par Mignard, 1852-1855, 2 part. in-4, 4 pièces, br.

884. Dissertations, Ouvrages sur les langues, De la négation, Des langues romanes du midi et du nord de la France, par Schweighæuser, 1852. De l'affinité des langues celtiques avec le sanscrit, par Adolphe Pictet, 1837. Exposé de quelques-uns des principaux articles de la théogonie des Brahmes, par l'abbé Dubois, 1825. *Provinzalisches Lesebuch, von* Dr Karl, 1855. *Crestien von Troies, von* Dr W. L. Holland, 1854. Notices et extraits des manuscrits médicaux grecs, latins et français, par Daremberg, 1853, etc., 32 pièces in-8. br.

885. Exercices pratiques d'analyse, de syntaxe et de lexigraphie chinoise, par Saint-Julien. Essai sur l'origine de la formation similaire des écritures figuratives chinoise et égyptienne, par Pauthier. Débats entre ce dernier et Stanislas Julien, 6 pièces in-8. br.

886. Les colimaçons du révérend père Lescarbotier, 1769, in-8. 24 p. br. Le petit prophète, 1774, in-12. br. Le mercure turc, 1781, 6 numéros de 30 p. in-12. br. vignettes. Poissarderies ou Discours des halles, 16 p. in-8. Aventures du chevalier Palmendos, 1790, in-12. br. La lanterne d'Amurath-Effendi, *s. d.*, 2 vol. in-16, en hollandais, beaucoup de caricatures. Les masques arrachés, histoire secrète des révolutions de Brabant, 1791, 2 vol. in-18. br., ens. 7 vol. et 2 br.

887. Trente années de la vie de Joséphine, impératrice. La branche d'Orléans ou le Barnave de M. J. Janin, réfuté par l'histoire. Mémoires particuliers ou Histoire complète de la captivité de la famille royale au Temple, Relation des événements relatifs au licenciement de la garde nationale en 1827 et autres brochures politiques modernes, 40 pièces in-8. br.

888. Histoire d'un pou français, 1781. Portefeuille d'un exempt de police, 1785. Le grand Castriotto d'Albanie, 1779.

L'ombre de mardi-gras ou les Mascarades de la cour, 1791, fig. Histoire des princes du sang français et des reines de France, 1790, 5 pièces in-8. br.

889. Le véritable homme, dit au masque de fer, ouvrage comprenant : 1° tous les systèmes mis au jour concernant huit personnages dont les uns ont été crus et les autres soupçonnés d'avoir été cet important prisonnier et les réfutations de ces systèmes; 2° un abrégé discuté des vies d'Anne d'Autriche et du cardinal Mazarin, par lequel il est prouvé qu'ils étaient époux et dans quel temps ils le sont devenus; 3° les indications des temps et des lieux de la naissance, de l'emprisonnement d'un fils né de leur mariage, qui est devenu le célèbre prisonnier désigné sous le nom de l'*Homme au masque de fer*, ouvrage entièrement nouveau, par M. J. B. S. de Saint-Mihiel, ancien grand bailli de la principauté de Salm, manuscrit in-fol. non br., préparé pour l'impression, écrit à mi-page, avec ratures et corrections de l'auteur, le tout formant la matière de 3 vol. in-8. Il y a des taches sur quelques-unes des marges.

890. Chronologie des Etats généraux, par Savaron, 1788. Mémoires sur les Etats généraux, 1788. Instruction sur les Assemblées nationales, 1787. Récit de ce qui s'est passé de mai à juin 1789, Second mémoire sur les Etats généraux, par d'Antraigues, 4 vol. in-8. br.

891. La Vénus d'Arles, par J^h Bard, *Lyon* 1834. Les villes de France et leurs gloires, poëmes, par Mme Plocq de Bertier, *Paris* 1855, 4 vol. in-8. br.

892. Rueil, Le château de Richelieu, La Malmaison, par Jacquin, *Paris* 1845. Histoire des antiquités de la ville de Nîmes, par Ménard, *Nîmes* 1840, fig. Siège du château de Caen, Jean de la Chapelle et la chronique abrégée de Saint-Riquier, 1856, et Notices sur différentes villes de France, 25 pièces in-8. br.

893. Annales du comité flamand de France, *Dunkerque* 1855, 1 vol. avec fig. Histoire d'Antony, Précis historique du Poitou, Découverte d'une ville gallo-romaine dite Landunum, par Mignard et Coutant, 1854, in-4. avec fig. Plan d'Auxerre avec grav. et fac-simile in-4, 6 pièces in-8 et in-4. br.

894. Mémoires historiques et pratiques sur la République de Venise, par Curti, 1802, 2 vol. in-8. d.-rel.

895. Gazetier (le) cuirassé ou Anecdotes scandaleuses de la cour, 1777, grav. Remarques historiques et anecdotes sur la Bastille et l'Inquisition de France. Lettres originales de Mme Du Barri, 1779, le tout en 1 vol. in-12. Anecdotes du règne de Louis XVI, 1776, 1 vol. in-12, ens. 2 vol. in-12. rel. v.

896. Maupeou, Terray et Du Barri, Mémoires, Correspondances,

Anecdotes, etc., 1776, 8 vol. in-12. Journal historique de la Révolution opérée dans la Constitution, par Maupeou, 1776, 7 vol. in-12, ens. 15 vol. in-12. rel. bas.

897. Les fastes de Louis XV, de ses ministres, maitresses et autres personnages de son règne, 1782, 2 vol. in-12. br.

898. Siècle de Louis XV, contenant des anecdotes secrètes de la vie privée et de quelques pièces fugitives, publié par Maton de la Varenne, 1796, 2 vol. in-8. br.

899. Le sacre et couronnement de Louis XVI dans l'église de de Reims, le 11 juin 1775. *Paris* 1775, 1 vol. in-8, orné d'un grand nombre de fig. en taille-douce. br.

900. Le procès des trois rois, Louis XVI, Charles III et George III, par Bouffonidor, *Londres* 1780, 1 vol. in-8. br., avec une très-grande pl. br.

901. Mémoire justificatif pour trois hommes condamnés à la roue, 1786, 1 vol. in-4. br. 255 p.

902. La police dévoilée, depuis la restauration, par Froment, 1829, 3 vol. in-8. br.

903. Procès instruit contre de La Chalotais et autres, 1770, 4 vol. in-12. rel. bas.

904. Mémoires sur les Cent-Jours, par B. Constant, 1822, 2 part. en 1 vol. in-8. d.-rel.

905. Documents historiques et réflexions sur le gouvernement de la Hollande, par Louis Bonaparte, ex-roi de Hollande, 1820, 3 vol. in-8. br.

906. Du rétablissement du royaume d'Italie, par Montgaillard, 1809. De la restauration des Bourbons, par le même, 1814, 2 vol. in-8. br.

907. Histoire de la conjuration du général Malet, par Lafon, 1814, 1 vol. in-8. br.

908. Histoire complète du procès du maréchal Ney, recueillie par Evariste Dumoulin, 1815, 2 vol. in-8. br.

909. Esquisses historiques sur le maréchal Brune, publiées d'après sa correspondance, etc., 1840, 2 vol. in-8. br.

910. Catalogue des livres de la bibliothèque de feu M. Mirabeau, l'aîné, *Paris* 1791, 1 vol. in-8, avec les prix de la vente et la table des auteurs. br.

911. Collection de 145 catalogues des ventes publiques d'autographes, de 1837-1858.

912. Collection de catalogues de ventes de livres, de 1844 à 1859, 170 vol. br., dont: Nodier, Peignot, Renouard, Debure, Coste, Libri, Bootourlin, Palais-Royal, Bertin, etc.

913. Imprimerie, Librairie, Bibliothèques publiques. Essai sur la typographie, par A. F. Didot. Rapport sur l'imprimerie, par le même. De l'établissement des bibliothèques communales, par Curmer. Découvertes d'un bibliophile avec supplément, etc., 17 pièces in-8. br.

914. Conversation familière entre un homme de lettres et un ancien libraire sur le projet de supprimer les armoiries

et autres marques de propriété féodale, empreintes sur
la reliure de tous les livres de la Bibliothèque nationale,
in-8 de 48 p. br. *Rare.*

815. Rapports au ministre de l'instruction publique sur les bibliothèques des départements de l'ouest, suivis de
piéces inédites, par Ravaisson, 1841, 1 vol. in-8. br.

916. Biographie des dames de la cour et du faubourg Saint-
Germain, par un valet de chambre congédié, 1826, 1
vol. in-32. br.

917. Biographie et catalogue de l'œuvre du graveur Miger, par
Émile Bellier de la Chavignerie, *Paris*, 1 vol. in-8,
portr. et fac-simile, br.

918. Biographies des contemporains, petite collection satyrique, publiée en 1826, 18 vol. in-32. br.

919. Biographie universelle des contemporains, de 1788 jusqu'à nos jours, par Rabbe, Boisjolin et Sainte-Preuve,
1838, 5 vol. in 8. br. Texte microscopique.

www.ingramcontent.com/pod-product-compliance
Ingram Content Group UK Ltd.
Pitfield, Milton Keynes, MK11 3LW, UK
UKHW022048170726
13837UKWH00002B/839